Dr. med. Anne Fleck | Dr. med. Jörn Klasen
Dr. med. Matthias Riedl | Dr. med. Silja Schäfer

Die Ernährungs Docs

Starkes Herz

Die besten Ernährungsstrategien bei Bluthochdruck, Arteriosklerose, Herzschwäche und Co.

Mit Texten von Franziska Pfeiffer und Rezepten von Martina Kittler

INHALT

Die Symbole bei den Rezepten

- Vegan
- Glutenfrei
- Vegetarisch
- Laktosefrei
- Fettgesund *mind. 0,8 g mehrfach ungesättigte Fettsäuren (MUFS) pro 100 kcal*
- Low Carb *weniger als 30 Energie-% aus Kohlenhydraten*

Essen für gesunde Gefäße

Unsere moderne Lebensweise bedroht das Herz – ein Großteil aller Infarkte hat mit dem Lebensstil zu tun. Dabei ist es gar nicht so schwer, etwas dagegen zu tun. Vieles lässt sich ohne große Umstellungen in den Alltag einbauen. „Gewusst, wie" heißt die Strategie, in deren Mittelpunkt die Ernährung steht.

Bevor das Herz in Gefahr gerät, ist in der Regel schon viel passiert. Zwar gibt es auch genetische Faktoren, die das Risiko für Herz-Kreislauf-Erkrankungen erhöhen, doch ihr Anteil ist vergleichsweise gering. Meist hinterlässt jahre- oder jahrzehntelanges Verhalten Spuren, die auf Dauer das Herz schwächen: Wir essen zu viel Ungesundes, bewegen uns zu wenig und können zwischendurch kaum noch abschalten. Im Akutfall retten Ärzte mit hochmoderner Technik Leben. Das Notarztsystem ist immer besser geworden. Medikamente sind oftmals ein Segen und dürfen nicht außer Acht gelassen werden. Doch so weit muss es gar nicht erst kommen – denn auf das, was davor passiert, hat jeder selbst Einfluss.

Wir wissen heute, dass man eine große Wirkung erreicht, wenn man gezielt einige wenige Ernährungsregeln beachtet. Viel Gemüse, regelmäßig zuckerarmes Obst, häufig Vollkornprodukte, Hülsenfrüchte und Nüsse, kein rotes und verarbeitetes Fleisch und möglichst wenig Zucker: Das sind die besten Strategien, um Herz-Kreislauf-Erkrankungen, Herzinfarkt und Schlaganfall vorzubeugen. Dabei spielt die Gesundheit der Gefäße, über die das Herz versorgt wird, eine ganz entscheidende Rolle. Wer stark übergewichtig ist, erhöhte Blutfett- und Zuckerwerte hat und eventuell bereits unter Diabetes leidet, hat häufig auch Bluthochdruck. Nicht nur der führt zur Verstopfung der Arterien – verantwortlich dafür sind vor allem auch entzündliche Prozesse im Körper, die die Innenwände der Blutgefäße langfristig schädigen. Wie Sie all diesen Gefahren mit einer gesunden Ernährung begegnen und so zumindest das Risiko senken können, erfahren Sie in diesem Buch.

Wie funktioniert das Herz? Was braucht es, um lange stark zu bleiben? Welche Nährstoffe halten die Gefäße geschmeidig? In welchen Lebensmitteln stecken sie? Und worauf sollten Sie sonst noch achten? Wir, die Ernährungs-Docs aus der gleichnamigen NDR-Serie, geben Ihnen einen Überblick über alles, was Sie für einen herzgesunden Lebensstil wissen müssen. Dazu haben wir Ihnen, wie gewohnt, passende Rezepte zusammengestellt, die Sie von jetzt an möglichst oft auf den Teller bringen sollten. Sie werden bald merken, dass Sie in vielen Bereichen davon profitieren und an Lebensqualität gewinnen. Schützen Sie Ihr Herz am besten, bevor es krank wird.

Von Herzen wünschen wir einen guten Appetit!

GRUNDWISSEN HERZ

Wie oft schlägt unser Herz? Was leistet es? Warum braucht es nie eine Pause? Wie funktioniert das Herz-Kreislauf-System? Welche Zivilisationskrankheiten bedrohen das Wunderwerk der Natur? Wie kann man sie vermeiden? Und warum ist der Hohlmuskel auch ein soziales Organ? Im ersten Teil dieses Buches erfahren Sie Wissenswertes und Verblüffendes rund ums Herz.

Unser Herz – ein Wunderwerk der Natur

Unser Herz ist ein echtes Wunderwerk der Natur. Ist es gesund, macht es niemals Pause und schlägt bestenfalls viele Jahrzehnte lang reibungslos. Lesen Sie, was das Herz alles kann, welchen Gefahren es ausgesetzt ist und was jeder tun sollte, damit es stark bleibt.

Was unser Herz leistet, bekommen wir normalerweise gar nicht mit. Das ist auch gut so, denn es zeigt uns, dass wir gesund sind. Das Herz hat eine einfache, aber enorm wichtige Aufgabe: Es sorgt dafür, dass Blut durch die Arterien und Venen fließt, um den gesamten Organismus mit Sauerstoff und Nährstoffen zu versorgen. Weil der wichtige Hohlmuskel rund um die Uhr arbeitet, ist er so angelegt, dass er sich selbst regenerieren kann. Eine Pause ist schließlich nicht drin. Dieses Wunderwerk der Natur ist dabei enorm flexibel: Es passt seinen Rhythmus genau an die Bedürfnisse des Körpers an. Müssen wir uns anstrengen, schlägt es schneller, damit auch unter Druck alles gut versorgt wird und mehr Sauerstoff und Nährstoffe in den Körper gelangen. Kehrt wieder Ruhe ein, fährt es die Herzschlagfrequenz herunter.

Todesursache Nummer eins

Trotzdem funktioniert der Muskel, der sich rhythmisch zusammenzieht, leider nicht immer ohne Einschränkungen. Je nachdem, wie stark diese ausfallen, kann es nicht nur unangenehm, sondern auch lebensbedrohlich werden. Mehr als 625 000 Menschen müssen jedes Jahr wegen einer koronaren Herzerkrankung (KHK) ins Krankenhaus. Mit einem Anteil von knapp 40 Prozent sind Herz-Kreislauf-Erkrankungen noch immer die Todesursache Nummer eins in Deutschland. Ein Viertel aller Todesfälle gehen auf das Konto von Krebserkrankungen, sieben Prozent der Deutschen sterben nach Angaben des Statistischen Bundesamts an Krankheiten der Atemwege.

Enorme Fortschritte in der Medizin

Trotzdem gibt es eine gute Nachricht: Immer weniger Patienten sterben an einem Herzinfarkt. Anfang der Neunzigerjahre verloren noch dreimal mehr Menschen ihr Leben durch einen Infarkt als heute. Die Sterberate sank in etwa 15 Jahren von 151 Todesfällen je 100 000 Einwohner auf 54,5. Dafür gibt es verschiedene Gründe. Zum einen hat die Herzmedizin enorme Fortschritte gemacht. So haben sich Diagnose- und Behandlungsmethoden in den letzten Jahrzehnten erheblich verbessert. Zum anderen können Menschen heute bei akuten Problemen dank der Notfallmedizin früher und effektiver gerettet werden.

Prävention ist wichtig

Allerdings wird sich diese Entwicklung nicht automatisch fortsetzen. Neue Behandlungsmethoden wie Herzschrittmacher, künstliche Herzklappen, das Öffnen verstopfter Gefäße oder implantierbare Defibrillatoren kommen an ihre Grenzen. Gleichzeitig werden die Menschen in Deutschland immer älter. Das Lebensende schiebt sich zunehmend nach hinten, während sich altersbedingte Erkrankungen weiterhin relativ früh bemerkbar machen. Bei Männern steigt das Risiko für einen Herzinfarkt bereits mit 35 Jahren, Frauen sind im Durchschnitt ab 45 gefährdet. Für die Zukunft werden deshalb eher vorbeugende Maßnahmen gebraucht. Denn Fortschritte in der Medizintechnik allein sind keine Garantie für ein langes gutes Leben. Wir sollten also schon handeln, bevor das Kind (das Herz) in den Brunnen gefallen ist.

Herzgesunder Lebensstil

Die entscheidende Rolle spielt dabei der Lebensstil, denn der kann das Risiko drastisch und garantiert frei von unerwünschten Nebenwirkungen senken. 80 bis 90 Prozent aller Herzinfarkte und Schlaganfälle ließen sich Studien zufolge vermeiden, wenn wir unser Herz rechtzeitig und konsequent pflegen würden, statt es später behandeln zu lassen. Wie können wir besser mit diesem wichtigen Organ umgehen und den Herzmuskel in Top-Form halten? Ein herzgesunder Lebensstil setzt sich aus verschiedenen Faktoren zusammen. Neben einer gesunden Ernährung spielen auch regelmäßige Bewegung (7000 bis 10 000 Schritte pro Tag), ausreichend Schlaf und ein guter Umgang mit Stress eine große Rolle. Wir sollten uns immer wieder fragen: Was muten wir unserem Körper zu? Was können wir ihm Gutes tun? Ob beim Thema Essen, im beruflichen und privaten Alltag, in Stresssituationen oder in Sachen Sport und Bewegung – die Möglichkeiten sind vielfältig. Eine herzstärkende Ernährung steht dabei im Mittelpunkt. Wir sollten vor allem „artgerecht" essen und häufig Lebensmittel mit einer hohen Nährstoffdichte auf den Teller bringen. Das heißt: Diese Produkte sollten möglichst natürlich und wenig verarbeitet sein.

Essen für ein starkes Herz

Nach wie vor gilt die mediterrane Ernährung mit viel Gemüse und hochwertigen Ölen als sehr gesunde und herzschützende Ernährungsweise. Ergänzt wird die Mittelmeerküche in nördlichen Gefilden mit Elementen der sogenannten Nordic Diet, die ähnlich gesund ist, aber mehr heimische Lebensmittel enthält. Schwerpunkt sind Gemüsesorten, die – anders als bei der mediterranen Kost – auch bei uns wachsen. Dazu gehören verschiedene Kohlsorten, Wurzel- und Knollengemüse wie Möhren und Kartoffeln, zuckerarmes Obst (Äpfel, Beeren), Vollkorn, Fisch, Algen, Speiseöle mit mehrfach ungesättigten Fettsäuren (MUFS) wie Omega-3-Fettsäuren, fettarme Milchprodukte, frische Kräuter und Wildkräuter. Beide Ernährungsweisen senken das Risiko für Herz-Kreislauf-Erkrankungen, wirken antientzündlich und erleichtern das Abnehmen. Letztendlich gilt dies für alle „artgerechten" Ernährungsformen weltweit, die auf natürlichen Lebensmitteln basieren. Dass Fertigprodukte zur Entwicklung einer Arterienverkalkung beitragen, konnte inzwischen in einigen Studien eindeutig nachgewiesen werden.

Mit dem Rauchen aufhören

Zu einem herzgesunden Lebensstil gehört auch der Verzicht auf Nikotin. Denn Rauchen verengt die Blutgefäße, regt das Herz zum schnelleren Schlagen an und bringt Schadstoffe in wichtige Organe. Auf Alkohol sollten Sie ebenfalls (weitgehend) verzichten und Ihr Gewicht im Blick behalten. Da Übergewicht in der Regel mit erhöhten Blutfettwerten und Bluthochdruck einhergeht, verengen sich die Herzkranzgefäße bei Übergewichtigen leichter. Die Folge: Der Herzmuskel wird schlechter durchblutet.

Das Herz in Zahlen

Unser Herz ...

- ... schlägt etwa 300 Milliarden Mal im Laufe eines Lebens.
- ... hat eine Leistungsfähigkeit von ca. 0,0015 PS.
- ... sorgt dafür, dass jede Minute fünf bis sechs Liter Blut in die Organe gelangen.
- ... wiegt im Durchschnitt etwa 300 Gramm.
- ... braucht etwa 0,28 Sekunden, um den Herzmuskel zusammenzuziehen.
- ... schlägt bei den meisten Männern (95 Prozent) 50- bis 80-mal pro Minute, während der Durchschnitt bei Frauen zwischen 53 und 82 Herzschlägen liegt.

Machen Sie den Test: Wie fit ist Ihr Herz?

Wie steht es um die Gesundheit Ihres Herz-Kreislauf-Systems? In welchem Bereich tun Sie schon viel für Ihr Herz und wo können Sie sich noch steigern? Bestehen Anzeichen für ein erhöhtes Infarktrisiko? Wenige Fragen reichen aus, um drohende Krankheiten rechtzeitig zu erkennen. Finden Sie mit unserem Test heraus, wie fit Ihr Herz ist.

Sind Sie übergewichtig?

Ich habe sehr starkes Übergewicht.	0
Ich bringe etwas zu viel auf die Waage.	1
Ich bin normalgewichtig.	2

Rauchen Sie?

Ja, und zwar mehr als 15 Zigaretten täglich.	0
Ich rauche weniger als fünf Zigaretten am Tag.	1
Ich bin Nichtraucher.	2

Wie ernähren Sie sich?

Ich esse überwiegend Fertigmahlzeiten.	0
Ich esse zwei- bis dreimal in der Woche ausgewogen, sonst Fertiges.	1
Ich esse fast immer ausgewogen.	2

Hatten enge Verwandte (Eltern, Geschwister, Kinder) bereits vor dem 55. Lebensjahr einen Herzinfarkt?

Ja, in meiner Familie trifft das auf mindestens eine Person zu.	0
Mindestens einer hatte später zwischen 55 und 70 einen Infarkt.	1
Nein.	2

Haben Sie Diabetes Typ 2?

Ja.	0
Nein, aber in meiner Familie gibt es Fälle von Diabetes.	1
Nein.	2

Bewegen Sie sich regelmäßig?

Nein, ich sitze im Beruf und privat überwiegend.	0
Ich gehe regelmäßig spazieren und fahre Rad.	1
Ich treibe mehrmals in der Woche Sport.	2

Können Sie gut Stress abbauen?

Nein, ich kann deshalb oft nicht schlafen.	0
Nicht immer, aber manchmal schaffe ich das.	1
Ich weiß sehr genau, wie ich herunterkomme.	2

Wie geht es Ihnen beim Treppensteigen?

Nicht gut, ich muss nach einem Stockwerk Pause machen.	0
Zwei Stockwerke schaffe ich am Stück.	1
Drei Treppenabsätze schaffe ich locker ohne Schnaufen.	2

Waren Sie schon mal mit Herzproblemen in Behandlung?

Ja, das bin ich regelmäßig.	0
Ich war mal in Behandlung, bin aber derzeit gesund.	1
Nein.	2

Leiden Sie unter Schlafstörungen?

Ja, es fällt mir fast immer schwer einzuschlafen.	0
Nicht immer, aber ich liege oft lange wach.	1
Nein, ich schlafe tief und fest.	2

Haben Sie nachts Atemnot oder Herzklopfen?

Ja, das kommt bei mir regelmäßig vor.	0
Gelegentlich.	1
Nein.	2

Wie oft trinken Sie Alkohol?

Jeden Tag.	0
Zwei- bis dreimal in der Woche.	1
Sehr selten oder gar nicht.	2

Die Ernährungs-Docs

Wenn Sie Ihre Blutwerte (z. B. Cholesterin und Triglycerid-Konzentration) sowie Ihren Blutdruck kennen, können Sie im Internet unter dem Stichwort „PROCAM-Score Rechner" Ihr individuelles Risiko, in den nächsten zehn Jahren einen Herzinfarkt zu erleiden, genauer ermitteln. Dahinter stecken die Ergebnisse einer großen epidemiologischen Studie auf dem Gebiet der Fettstoffwechselerkrankungen.

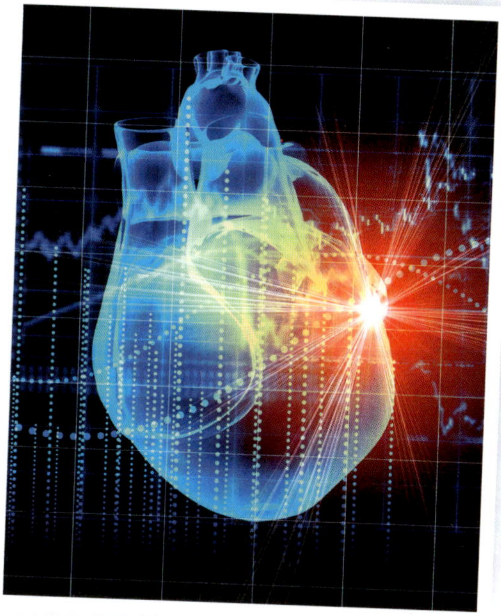

AUSWERTUNG

0 bis 11 Punkte: Ihr Risiko für einen Herzinfarkt und andere Herz-Kreislauf-Erkrankungen ist sehr hoch, was vor allem an Ihrem Lebensstil liegen dürfte. Versuchen Sie, in möglichst allen abgefragten Bereichen gesünder zu leben, und sprechen Sie mit Ihrem Arzt, was Ihnen helfen könnte.

12 bis 19 Punkte: Ihr Ergebnis liegt im mittleren Bereich. Das heißt, es gibt bestimmt noch einige Dinge, die Sie verbessern können. Gehen Sie diese gezielt an und lassen Sie sich am besten regelmäßig von Ihrem Hausarzt durchchecken.

20 bis 24 Punkte: Ihr Ergebnis kann sich sehen lassen. Bestimmt tun Sie einiges für ein starkes Herz und für Ihre Gesundheit. Machen Sie weiter so! Versuchen Sie bei den Fragen, bei denen Sie nicht die volle Punktzahl haben, noch mehr zu tun und gehen Sie regelmäßig zum Check-up beim Hausarzt.

Im Überblick: So funktioniert unser Blutkreislauf

Damit unser Körper optimal mit Nährstoffen und Sauerstoff versorgt wird, arbeitet das Herz-Kreislauf-System mit einem raffinierten Mix aus Druck und Sog. Zwei hintereinander geschaltete Kreisläufe sorgen im gesamten Organismus für einen reibungslosen Ablauf.

Aorta, Venen, Kapillarnetz, Blutgefäße, Lungenkreislauf - vielleicht haben Sie diese Begriffe zuletzt in der Schule im Biologieunterricht gehört und fragen sich jetzt: Wie war das noch gleich mit dem wichtigen Muskel und seinem ausgeklügelten System? Hier stellen wir Ihnen das Herz und den Blutkreislauf noch einmal vor. Los geht es mit dem Herz selbst, das im Mittelpunkt des Herz-Kreislauf-Systems steht. Es ist bei einem Erwachsenen etwa so groß wie eine Faust und setzt sich aus zwei Hälften zusammen, die durch eine Scheidewand (medizinisch: Septum) in der Mitte getrennt sind. Der Herzmuskel ist innen hohl, hat es aber in sich: Jede Hälfte besteht aus zwei Räumen, jeweils einem Vorhof und einer Herzkammer. Trotz ihrer Ähnlichkeit haben beide Hälften verschiedene Aufgaben, um zwei miteinander verbundene Blutkreisläufe am Laufen zu halten. Der große Körperkreislauf durchblutet Organe, Zellen und Gewebe, der kleine Lungenkreislauf sorgt für frischen Sauerstoff, indem er das Blut durch die Lunge presst.

Vom großen in den kleinen Kreislauf

Der linke Teil des Herzens (in der Grafik rechts) ist dafür zuständig, dass die Organe über das Blut ernährt und mit Sauerstoff versorgt werden. Dort „startet" das Blut in die Hauptschlagader (Aorta), die es als sauerstoffreiches Blut in das Kapillarsystem im Körper bringt, um dort Sauerstoff und Nährstoffe zu allen wichtigen Organen, wie zum Beispiel Darm, Leber und Hormondrüsen, zu bringen und Kohlendioxid und andere Abfallstoffe aufzunehmen. Auch die entlegensten Stellen sind an diesen Kreislauf angeschlossen. Danach fließt das Blut als sauerstoffarme Variante durch die Venen über den rechten Vorhof in die rechte Herzkammer. Der große Kreislauf ist damit einmal durchlaufen und der kleine Kreislauf beginnt.

Frischer Sauerstoff beim Einatmen

Die Aufgabe des rechten Herzteils, also der rechten Kammer, besteht jetzt darin, das sauerstoffarme Blut über die Lungenarterie in die Lungenkapillaren zu befördern. Dort kann es neuen Sauerstoff aufnehmen und Kohlendioxid loswerden. Das passiert dann, wenn wir ausatmen. Mit dem Einatmen steht wieder frischer Sauerstoff zur Verfügung, den das Blut über die Lungenvenen zurück zum Herzen bringt - und zwar über den Vorhof in die linke Kammer. Das ist der Blutkreislauf. Von dort aus geht es mit dem nächsten Herzschlag wieder von vorn los, der Körperkreislauf startet in die nächste Runde.

Aufgebaut wie ein Baum mit Ästen

Die Gefäße ziehen sich als Venen, Arterien und Kapillaren in unterschiedlichen Stärken und in verschiedenen Richtungen durch den gesamten Organismus. Ihr Aufbau ähnelt dem eines Baums mit einem dicken Stamm in der Mitte, von dem erst größere und am Ende immer kleinere Äste abgehen. In den Arterien fließt das Blut vom Herzen weg - sie werden auch Schlagadern genannt. Die Venen leiten es in die andere Richtung, also zum Herzen hin. Im Zentrum befindet sich die Aorta, die Hauptschlagader; ihre „Äste" verzweigen sich immer weiter, bis in ein Netz aus Minigefäßen, ins sogenannte Kapillarnetz. Alle Blutgefäße zusammen haben gigantische Ausmaße, von denen wir nichts ahnen. Gemeinsam bringen sie es auf eine Strecke von mehr als 100 000 Kilometern. Aneinandergelegt würden unsere Blutgefäße also mehr als zweimal um die Erde reichen.

Unsere Gefäße leiden lange in aller Stille

Für unsere Gesundheit ist der Zustand der Gefäße von zentraler Bedeutung. Leider wird das oft unterschätzt, denn die Blutbahnen leiden lange in aller Stille, bevor sie sich mit Symptomen bemerkbar machen. Und das tun sie erst, wenn die Not bereits groß ist und das gesamte Herz-Kreislauf-System nur noch eingeschränkt funktioniert. Nicht nur Rauchen, schlechte Ernährung, Bewegungsmangel und ungesunder Stress lassen die Gefäße verkalken und verstopfen. Im Laufe des Lebens trifft es auch Menschen, die sehr gesund leben – und zwar ganz einfach, weil wir älter werden und sich Ablagerungen von allein bilden. Zum Glück lassen sich viele Gefäßerkrankungen heute gut behandeln, wenn sie frühzeitig erkannt werden. Besser als operative Eingriffe und Medikamente ist es immer, mit einem gesunden Lebensstil und möglichst geringen Risikofaktoren rechtzeitig vorzubeugen.

Der große und der kleine Kreislauf

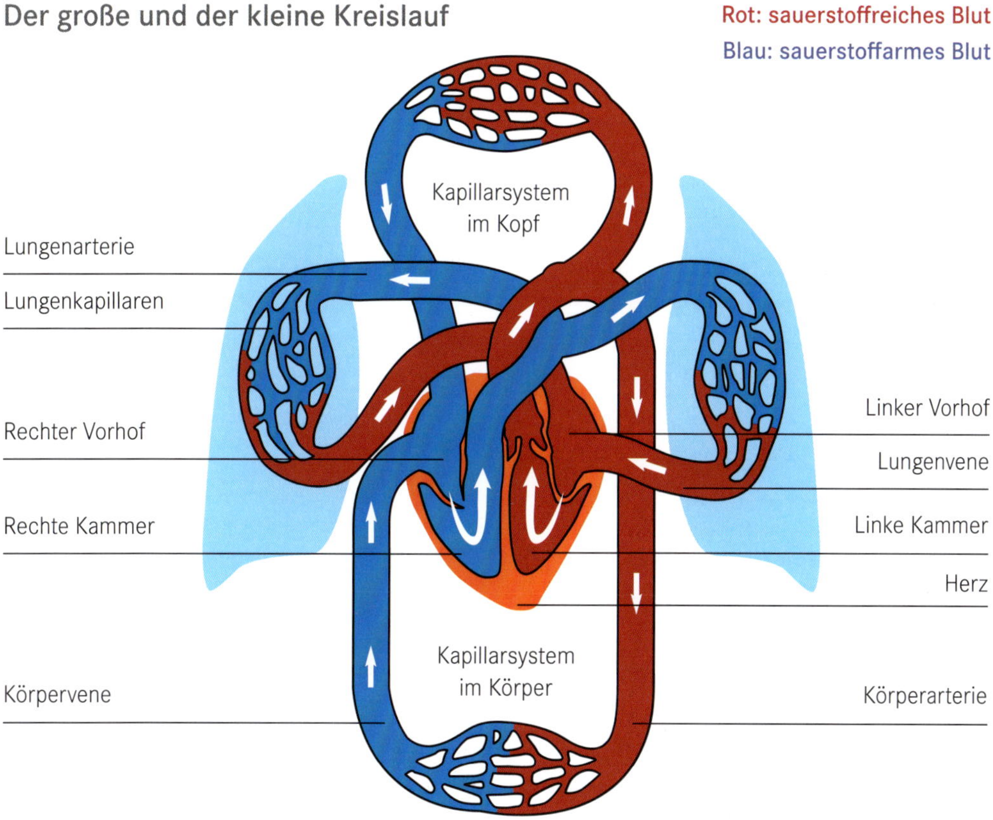

Leben im gesunden Rhythmus: Unser Herz ist ein soziales Organ

Das Herz ist mehr als eine mechanische Pumpe. Es steht auch für das menschliche Miteinander und große Gefühle. Ernährungs-Doc Jörn Klasen verrät, was Sie neben zeitgemäßen medikamentösen Therapien, einer gesunden Ernährung und ausreichend Bewegung noch für ein starkes Herz tun können.

Wie beeinflussen unsere Gefühle das Herz?

Die Sicht auf das Herz und seine Gesundheit hat sich gewandelt. Als Mediziner betrachte ich das zentrale Organ des Körpers als Mittelpunkt eines Systems, das nicht nur von äußeren Faktoren beeinflusst wird, sondern auch von den Emotionen, die unseren Alltag bestimmen. Das ist in erster Linie der Umgang mit anderen Menschen und die daraus resultierenden Folgen, die ebenso beglückend wie bedrückend sein können. „Das Herz ist nur selten eine Pumpe. Es ist ein regulierendes Organ", sagte der frühere Direktor der Berliner Charité, Professor Paul Vogler (1899–1969).

Woran merken wir das?

Wir kennen das zum Beispiel von zahlreichen Redewendungen. Das Herz gilt als Symbol der Liebe. Es kann uns „schwer werden vor Kummer" oder „vor Freude hüpfen". Wir mögen herzerfrischende Dinge, versenden „herzliche Grüße", spüren, dass uns etwas „ans Herz geht" – im Guten wie im Schlechten. Wenn wir uns fürchten, rutscht das Herz sprichwörtlich in die Hose. Wir haben „etwas auf dem Herzen", wenn wir reden möchten, und wollen in der Not unbedingt mal jemandem „unser Herz ausschütten". Als Arzt weiß ich sehr gut, dass nicht jeder, der mit Bluthochdruck zum Arzt geht, sofort Tabletten braucht. Ein liebevoller Umgang mit anderen Menschen kann dazu beitragen, dass das Herz gesund bleibt oder auch wieder gesund wird.

Was heißt das für die Therapie?

Wir haben mit einer herzgesunden Ernährung und ausreichend Bewegung schon sehr effektive Möglichkeiten, um zum Beispiel einen leicht erhöhten Blutdruck ohne Medikamente vollständig zu normalisieren. Es gibt aber noch andere Dinge, die das Herz körperlich und seelisch ansprechen, denn das Herz reagiert auf jede Art von Gefühlen. Dabei spielt das vegetative Nervensystem mit seinen beiden Teilen, dem sogenannten Sympathikus und dem Parasympathikus, eine zentrale Rolle.

Was hat es damit auf sich?

Der Sympathikus bringt den Körper in Alarmbereitschaft, fährt den Blutdruck hoch und versetzt das Herz in Spannung, damit wir Energie haben, um Herausforderungen zu bewältigen. Der Parasympathikus wirkt als Gegenspieler: Wenn die Gefahr vorbei ist, baut er den Druck wieder ab und fährt den Herzschlag herunter. Sind wir gesund und leben in der Balance, klappt dieses Wechselspiel gut. Doch unter Dauerdruck funktioniert das System nicht mehr: Der Sympathikus nimmt überhand, der Parasympathikus geht unter. Die Folgen reichen von Schlafstörungen bis zu Herz-Kreislauf-Erkrankungen. Um das zu verhindern, muss der Parasympathikus gestärkt werden.

Was stärkt ihn zum Beispiel?

Ein gutes Beispiel ist das Singen, das gleich mehrere Funktionen erfüllt - und zwar wie von selbst, ohne dass wir uns darum bemühen müssen. Tiefes Atmen aktiviert den Parasympathikus. Um beim Singen einen Ton zu halten, wird vor allem die Phase des Ausatmens verlängert. Dabei bewegt sich das Zwerchfell nach oben und übt einen Sog aus, der das Herz entlastet. Tiefes Ein- und Ausatmen erhöht auch die Sauerstoffsättigung im Blut und bringt den Kreislauf in Schwung. Gleichzeitig können wir Gefühle ausdrücken, ohne sie in Worte fassen zu müssen. Das tut der Seele gut. Musik hilft uns, im gesunden Rhythmus zu bleiben.

Wie zeigt sich das an den Organen?

Ein gesunder Mensch folgt rhythmischen Programmen, um zu regenerieren. Die beiden rhythmischen Organe Herz und Lunge arbeiten tagsüber bei jedem Menschen individuell - je nach Belastung und Konstitution. Nachts (meist zwischen Mitternacht und drei Uhr morgens) gleicht sich der Rhythmus jedoch bei allen Menschen auf einen einheitlichen Wert - einen Puls-Atem-Quotienten von 4:1 - an.

Was bedeutet Rhythmus für den Alltag?

Leben in einem festen Rhythmus spart Kraft. Wiederkehrende Rituale zu festen Zeiten unterstützen uns, wenn wir unseren Lebensstil verbessern wollen. Denn wir können gesundes Verhalten damit leichter umsetzen. Auch für Bewegung, Meditation, Achtsamkeitsübungen oder andere Entspannungsformen sollte man Zeiten festlegen, damit die Vorsätze in der Alltagshektik nicht untergehen.

Was hilft, um herunterzukommen?

Ein Nickerchen am Mittag oder ein Abendspaziergang in der Natur helfen dem Körper bei der Regeneration und unterstützen auf diese Weise das Herz. Auch tiefes Seufzen ist eine gute Übung, wenn die Atmung stressbedingt flacher wird. Wir atmen heute zu wenig aus. Nehmen Sie sich vor, dreimal am Tag sehr tief zu seufzen - und zwar immer zu einem festen Zeitpunkt und nicht erst, wenn es einen Anlass dazu gibt.

Welche Entspannungsübung ist effektiv?

Sehr gut ist die sogenannte Weite-Übung, die Sie dreimal am Tag jeweils 5 Minuten machen können. Dafür begeben Sie sich in Gedanken an einen ruhigen Ort mit weiter Aussicht - zum Beispiel ans Meer oder auf einen Berg. Im nächsten Schritt spüren Sie Ihren Sinnesempfindungen nach. Wie riecht es? Weht ein Wind? Ist es warm oder kalt? Beschreiben Sie, was Sie sehen, hören und fühlen. Blicken Sie dabei in die Ferne und spüren Sie, wie sich das Herz weitet. Verstärken Sie das Gefühl, indem Sie tief ein- und ausatmen und dem Atem folgen - wie er aus der Lunge heraus durchs Herz hindurch weit weg bis zum Horizont gepustet wird und anschließend zurückfließt.

Aus der Naturmedizin

Wer nach Medikamenten aus der Naturmedizin sucht, dem empfehle ich die Heilmittel Aurum, Crataegus und Cardiodoron. Aurum/Lavandula comp. eignet sich bei Herzrasen oder Herzangst zum Einreiben über der Herzregion. Bei gutartigen Rhythmusstörungen, leichter Herzinsuffizienz und diastolischer Dysfunktion können Crataegus-Tropfen hilfreich sein. Bei stark schwankenden Blutdruckwerten wirken Cardiodoron-Tropfen oder -tabletten stabilisierend.

Wissenswertes rund ums Herz

Warum schlagen Frauenherzen anders und welchen Einfluss hat Zähneputzen auf das Herz? Inwiefern schadet das Verhalten von „Balkonrauchern“ Kindern und was hat ein Apfel mit dem Blutdruck zu tun? Hier erfahren Sie Fakten, Mythen und Erkenntnisse über Herz, Gefäße, Gefühle und Co.

Gefährliches Passivrauchen

Die Gefahren des Passivrauchens werden häufig unterschätzt. Wer in Gesellschaft raucht, gefährdet nicht nur die eigenen Gefäße. Auch Passivraucher leiden unter dem blauen Dunst. Dazu muss man wissen, dass Raucher nur ein Viertel des Zigarettenrauchs selbst inhalieren. Der Rest geht in die Umgebung und ist dort verschiedenen Temperaturen ausgesetzt, die den Dunst verändern. Deshalb ist die Schadstoffkonzentration am Glimmstängel direkt teilweise höher als beim Einziehen. Dieser sogenannte Nebenstromrauch enthält unter anderem stärker konzentriertes Kohlenmonoxid, Blei, Cadmium und Benzol. Passivraucher atmen außerdem kleinere Partikel ein als aktive Raucher. Die gelangen leichter in kleine Gefäße und damit direkt in den Blutstrom. Besonders gefährdet sind Kinder. Da deren Atmungssystem nicht voll ausgebildet ist, reagieren sie noch empfindlicher auf die Gifte. Selbst wenn Erwachsene zum Schutz der Kinder auf dem Balkon rauchen, lässt sich die Gefahr nicht bannen. Rückstände im Staub, auf Möbeln, Kleidung und anderen Gegenständen gelangen als „Dritthandrauch“ in die Lungen kleiner Kinder.

Äpfel als Blutdrucksenker

Ein Apfel in Sicht? Dann greifen Sie ruhig zu. Denn das beliebte und gesunde Obst enthält Flavonoide (also sekundäre Pflanzenstoffe) mit dem sogenannten Angiotensin-konvertierenden Enzym. Das sorgt dafür, dass der Körper weniger Angiotensin II herstellt. Dieses Hormon verengt die Blutgefäße und erhöht den Blutdruck. Faustregel: Bis zu zwei Äpfel täglich dürfen es sein, am besten mit Schale.

Frauenherzen schlagen anders

Eine amerikanische Studie zeigt, dass es Unterschiede zwischen dem Herzschlag von Frauen und Männern gibt: Frauenherzen schlagen nicht nur schneller, sie sind auch kleiner als die von Männern. Das führt zu Unterschieden in der Therapie. Manche Medikamente haben bei Frauen stärkere Nebenwirkungen. Auch die ersten Anzeichen eines Infarkts sind beim weiblichen Geschlecht anders. Frauen spüren seltener Enge in der Brust, dafür eher Atemnot bei Anstrengungen, Kopfschmerzen, Übelkeit oder unerklärliche Müdigkeit.

Gründliches Zähneputzen

Was haben gut geputzte Zähne mit einem gesunden Herz zu tun? Recht viel, denn wer unter einer chronischen Zahnfleischentzündung (medizinisch: Parodontitis) leidet, hat ein eineinhalbfach höheres Risiko für Herzerkrankungen. Durch stark entzündetes Zahnfleisch gelangen anaerobe Bakterien in die Blutbahnen, verstärken die Bildung von Blutklümpchen in den Gefäßen und können sogar schon in Gefäßplaques nachgewiesen werden. Außerdem steigert Parodontitis das Risiko für Diabetes Typ 2, was eine weitere Gefahr für die Gefäße bedeutet. Patienten sollten deshalb unbedingt auf ihre Mundhygiene achten, der Zahnarzt kann Zahnfleischentzündungen erfolgreich behandeln.

Blutspenden als Therapie

Blutspenden kann den Blutdruck senken. Das ergab eine Studie der Berliner Charité, bei der sich knapp 300 Probanden viermal im Jahr Blut abnehmen ließen, ihren Lebensstil aber ansonsten nicht veränderten. Dabei zeigte sich, dass sich der therapeutische Aderlass positiv auswirkte. Am meisten profitierten Teilnehmer mit stark erhöhten Werten von mehr als 160/100 mmHg. Sie konnten ihren Blutdruck um 17 mmHg beziehungsweise 12 mmHg senken. Über die Gründe kann man bisher nur spekulieren. Eine mögliche Erklärung ist, dass sich nach dem Blutspenden neue rote Blutkörperchen bilden, die elastischer sind, im Blutstrom leichter fließen und die Fließeigenschaften verbessern.

Gefährliches Volksleiden: Herz-Kreislauf-Erkrankungen

Meist fangen Herz-Kreislauf-Erkrankungen unauffällig an. Mit dem Gewicht steigen Blutdruck, Zucker- und Cholesterinwerte – alles klassische Risikofaktoren. In der Folge entsteht Arteriosklerose, die zu Herzinfarkt oder Schlaganfall führen kann.

Ob unser Herz lange gesund bleibt, hängt von verschiedenen Faktoren ab. Zum einen gibt es genetische Ursachen, die das Risiko erhöhen, auch das Alter spielt eine wichtige Rolle. Zum anderen hängt ein Großteil der Gefahren aber von unseren Lebensgewohnheiten ab. Deshalb lässt sich vieles über Ernährung, Bewegung und den allgemeinen Lebensstil hervorragend beeinflussen. Ob vorbeugend, während der Behandlung oder nach einem Herzinfarkt – in allen Phasen kann neben der Therapie mit Medikamenten vor allem der Lebensstil zur Verbesserung beitragen. Dabei gilt: Alles, was dem Herz schadet oder nützt, hat auch Folgen für den gesamten Organismus.

Auswirkungen auf den ganzen Körper

Wer zum Beispiel viel raucht, sich zu wenig bewegt, starkes Übergewicht hat und sich schlecht ernährt, erhöht nicht nur das Risiko für Herzkrankheiten, sondern auch das für Diabetes Typ 2 oder Bluthochdruck. Daraus wiederum kann Arteriosklerose (umgangssprachlich: Gefäßverkalkung) entstehen. Im nächsten Schritt kommt es dann gegebenenfalls zu Herzrhythmusstörungen, zur Herzinsuffizienz, zur koronaren Herzkrankheit oder zum Infarkt. Auch andere Organe leiden mit, denn Herzerkrankungen haben Auswirkungen auf den gesamten Körper. Dazu gehören zum Beispiel die Leber, die Nieren und die Lunge. Hier besteht die Gefahr eines Lungenhochdrucks (pulmonale Hypertonie) oder gefährlicher Atemaussetzer in der Nacht (Schlafapnoe). Umgekehrt schwächen Erkrankungen an diesen Organen auch das Herz.

Gefährliches Übergewicht

Eine große Studie bestätigte: Übergewicht erhöht das Risiko für Herz-Kreislauf-Erkrankungen signifikant. Lediglich bei fünf bis 15 Prozent aller Übergewichtigen hat die Körperfülle keine Auswirkungen auf die Herzgesundheit – und die haben meistens einfach nur Glück. Ansonsten macht jedes überschüssige Pfund das Problem schlimmer. Je mehr jemand zu viel auf die Waage bringt, desto größer die Gefahr. Das liegt unter anderem daran, dass Fettgewebe dazu neigt,

Wie steht es um Ihr Gewicht?

Zur groben Orientierung dient der Body-Mass-Index (BMI), der nach folgender Formel berechnet wird: BMI = Gewicht (kg) : Größe $(m)^2$
Das heißt, Sie teilen Ihr Gewicht in Kilogramm durch Ihre Größe in Metern zum Quadrat. Dabei sollte ein Wert zwischen 18,5 und 24,9 herauskommen. Allerdings ist die Formel umstritten, denn sie berücksichtigt weder das Alter noch das Geschlecht und vor allem nicht das Verhältnis von Muskeln zu Fett. Deshalb ist es ratsam, zusätzlich den Bauch- beziehungsweise Taillenumfang mit einem Maßband zu kontrollieren. Der sollte bei Männern unter 94 Zentimetern und bei Frauen unter 80 Zentimetern liegen. Bei Werten darüber geht man von einem erhöhten Risiko für Herz-Kreislauf-Erkrankungen aus.

den Widerstand in den Blutgefäßen zu erhöhen. So muss das Herz gemeinsam mit den Arterien schwerer arbeiten, um das Blut durch den Körper zu bewegen. Wird der Druck auf die Hauptkammer des Herzens durch überschüssige Pfunde erhöht, können sich daraus eine Herzschwäche und Vorhofflimmern (siehe Seite 24) entwickeln.

Vor allem das Fett am Bauch gilt als besonderes Risiko. Dieses sogenannte viszerale Fett umschließt wichtige innere Organe wie Niere, Leber und Bauchspeicheldrüse, die dadurch in ihrer Arbeit beeinträchtigt werden. Eine weitere Eigenschaft macht es höchst gefährlich: Das viszerale Fett arbeitet wie eine Hormondrüse und schüttet Botenstoffe (z. B. Interleukine oder TNF-alpha sowie Insulinresistenz verstärkende Hormone) in den ganzen Körper aus, die Entzündungen befeuern. Stress verstärkt diesen Prozess, da das Bauchfett sehr sensibel auf Stresshormone wie Cortisol, Adrenalin und Noradrenalin reagiert.

Bluthochdruck

Nicht nur Übergewicht kann zu Bluthochdruck (Hypertonie) führen. Auch das Alter erhöht das Risiko dafür ständig, denn mit den Jahren kommt es selbst bei gesunden Menschen zu Ablagerungen in den Gefäßen. Statistisch gesehen haben bereits 30 bis 40 Prozent aller Erwachsenen zu hohen Druck in den Blutbahnen, bei den über 60-Jährigen sind es sogar 80 Prozent. Am Anfang merken die meisten Betroffenen nichts davon, denn es zeigen sich nach außen oft keine Symptome. Wenn dann allerdings Kopfschmerzen, Schlafstörungen, Atemnot bei Belastungen, Schwindel oder Ohrensausen als Folge auftreten, ist die Erkrankung in der Regel schon sehr weit fortgeschritten. Deshalb ist es unumgänglich, die Blutdruckwerte regelmäßig beim Arzt checken zu lassen (siehe Seite 24) oder sich selbst zur Kontrolle ein entsprechendes Messgerät zuzulegen.

Der Blutdruck wird in mmHg gemessen. Dabei unterscheidet man zwischen dem systolischen (oberen) und dem diastolischen (unteren) Wert. Der systolische Wert misst dabei den Druck, mit dem das Herz das Blut in den Körper presst. Der diastolische Wert zeigt den Druck zwischen zwei Herzschlägen an - also den, wenn das Herz sich wieder mit Blut füllt. In der Tabelle unten können Sie sehen, ab welchen Werten der Blutdruck zu hoch ist. Wichtig: Sie messen den Blutdruck richtig, wenn Sie am besten in Ruhe die Manschette etwa 2 Zentimeter über Ihrer Ellenbeuge anlegen und den Arm dabei ungefähr in Herzhöhe halten.

Blutdruck: Hier sehen Sie, ab wann die Werte zu hoch sind

Kategorie	Systolisch (mmHg)	Diastolisch (mmHg)
Optimal	<120 und	<80
Normal	120 - 129 und/oder	80 - 84
Hoch - normal	130 - 139 und/oder	85 - 89
Hypertonie Grad 1	140 - 149 und/oder	90 - 99
Hypertonie Grad 2	160 - 179 und/oder	100 - 109
Hypertonie Grad 3	180 und/oder	>110
Isolierte systolische Hypertonie	>140 und	<90

Diabetes

Die Zuckerkrankheit ist eine Stoffwechselstörung, die ebenfalls schleichend beginnt und häufig lange unbemerkt bleibt. Anzeichen können erhöhter Harndrang und übermäßiger Durst sein. Man unterscheidet zwischen einem angeborenen Diabetes (Typ 1) und der erworbenen Variante (Typ 2). Diabetes Typ 1 ist eine Autoimmunerkrankung und zeigt sich bereits in der Kindheit und Jugend. Den Betroffenen fehlt das körpereigene Hormon Insulin. Damit der Blutzuckerspiegel nicht steigt, müssen sie Insulin spritzen. Beim größten Teil der Diabetes-Erkrankungen handelt es sich aber um die erworbene Variante, also Typ 2, mittlerweile eine der am weitesten verbreiteten Volkskrankheiten. Diabetes Typ 2 wird vor allem durch einen ungünstigen Lebensstil, Übergewicht und mangelnde Bewegung hervorgerufen. Die Patienten haben somit zu viel Zucker im Blut. Das führt auf Dauer dazu, dass das Insulin es nicht mehr schafft, den Zucker in die Körperzellen zu transportieren; die Zellen verschließen sich und bilden Entzündungen, die wiederum gefährliche Botenstoffe freisetzen. Es kommt zu Ablagerungen in den Gefäßen, die mit unterschiedlich harten Auflagerungen verkalken. Bei den Fettzellen führen die Entzündungen dazu, dass sie nicht mehr auf Insulin reagieren und kein Fett mehr aufnehmen - eine Art Selbstschutz, der aber zur Folge hat, dass entzündete Fettzellen Übergewicht fördern.

Meist wird mit Medikamenten behandelt. Bleibt die Krankheit unbehandelt, drohen dramatische Folgen bis zu Schlaganfall und Herzinfarkt. Herz-Kreislauf-Erkrankungen sind bei Diabetikern die häufigste Ursache für eine Einlieferung ins Krankenhaus. Auch die kleinen Blutgefäße in den Augen und die Nieren werden häufig schwer geschädigt. Es kann aber gelingen, die Krankheit mit einer konsequenten Ernährungsumstellung, Gewichtsreduktion und Bewegung zu heilen beziehungsweise so zu verbessern, dass Medikamente reduziert werden können.

Blutfettwerte

Auch erhöhte Blutfettwerte bringen das Herz in Gefahr. Der zentrale Wert ist dabei das Cholesterin, von dem mehr als die Hälfte aller Deutschen zu viel im Blut hat. Dabei handelt es sich um eine fettähnliche Substanz, die richtig dosiert für den Menschen lebenswichtig ist. Das im Blut zirkulierende Cholesterin wird unterschieden in das „gute“ HDL-Cholesterin (HDL steht für High Density Lipoprotein) sowie das ungünstige LDL-Cholesterin (Low Density Lipoprotein), das die Gefäßverkalkung vorantreiben kann. Daneben zählen Triglyceride und Lipoproteine zu den Blutfetten, die die Fettmoleküle zum Transport im Blut benötigen. Das Zusammenspiel der vier Blutfette erlaubt Aussagen über das Risiko von Herz-Kreislauf-Erkrankungen. Im Rahmen einer Therapie stehen Cholesterinsenker und eine fettbewusste Ernährung im Vordergrund, bei der vor allem die schnell resorbierbaren Kohlenhydrate reduziert werden. Die aktuellen Leitlinien geben abgestufte Zielwerte für LDL-Cholesterin vor. Bei bestimmten Erkrankungen sollte der Blutwert unter 55 mg/dl liegen. Das lässt sich häufig nur durch eine Kombination von mehreren Tabletten mit entsprechend starken Nebenwirkungen erreichen. Es ist deshalb ratsam, parallel zur medikamentösen Behandlung eine Ernährungsberatung in Anspruch zu nehmen.

Die Ernährungs-Docs

Ärzte beurteilen die Cholesterinwerte nach dem persönlichen Risiko der Patienten. So gilt für Gesunde ein LDL-Cholesterinwert unter 115 mg/dl als Zielwert. Das Gesamtcholesterin sollte maximal 200 mg/dl, das HDL-Cholesterin bei Frauen über 45 mg/dl und bei Männern über 40 mg/dl liegen. Ideale Blut-Triglyceridwerte liegen unter 150 mg/dl. Die Werte werden beim Routine-Check vom Hausarzt bestimmt.

Wenn die Herzwand dicker wird

Heino L. leidet unter einer Herzmuskelverdickung, die zu gefährlichen Herzerkrankungen führen kann. Bei den Ernährungs-Docs gelingt es ihm, mit einer Fasten- und Gesangstherapie 20 Kilo abzunehmen und den Blutdruck auf ein normales Maß zu senken.

Trotz Medikamenten hat Heino L. schon mehr als zehn Jahre Probleme mit Bluthochdruck. Der 55-Jährige verdrängt das, so gut es geht. Doch als ein fast gleichaltriger Freund einen Herzinfarkt erleidet, ist das für den Kunsthandwerker wie ein Warnschuss. Er geht zum Kardiologen, der eine Herzmuskelverdickung feststellt. Ist das schlimm? Ein Herz, das stark und kräftig ist, muss ja eigentlich gesund sein, denkt er. Die Überlegung ist naheliegend, gilt aber nur für Spitzenathleten in Ausdauersportarten, die ihre Leistungsfähigkeit steigern können, wenn der Herzmuskel sich vergrößert. Für alle anderen stellt die Zunahme der Herzmuskelmasse (medizinisch: Herzmuskel-Hypertrophie) eine große Gefahr dar. Denn das Herz muss mehr arbeiten, ohne dass es dafür trainiert ist.

Eine Herzschwäche verhindern

Die Ursache ist in vielen Fällen Bluthochdruck. Um seine Aufgaben unter erhöhtem Druck zu erfüllen, lässt das Herz die Muskeln wachsen. Die Herzwand verdickt sich und ist weniger elastisch. Die Patienten werden kurzatmig, sind nicht mehr so leistungsfähig, leiden unter Schwindel, Wassereinlagerungen und später eventuell auch unter Herzrhythmusstörungen.

Heino L. leidet bereits gelegentlich unter Luftnot. Seine Herzmuskelwand ist 21 Millimeter dick, normal sind 11 Millimeter. Für Ernährungs-Doc Jörn Klasen lautet das oberste Ziel: Wir müssen verhindern, dass eine Herzschwäche daraus wird. Zum Teil sind die Herzprobleme bei Heino L. genetisch bedingt. Das heißt aber nicht, dass man nichts dagegen tun kann. Wenn der Blutdruck sinkt und besser eingestellt wird, wächst die Wand nicht weiter. Jörn Klasen rät deshalb zu einer Diät. Heino L. muss Gewicht verlieren und soll dafür im Intervall fasten. Also im Abstand von acht Stunden nur zwei Mahlzeiten essen und dann über Nacht 16 Stunden fasten. Dafür muss er neben viel Gemüse auch ausreichend Eiweiß zu sich nehmen, um die langen Esspausen durchzuhalten. Gekocht wird frisch und salzarm. Fertiggerichte sind tabu.

Heino L. erfährt von Jörn Klasen, dass Singen den Blutdruck senken kann.

Ab jetzt nur noch dranbleiben

Heino L. und seine Frau bewegen sich mehr. Dazu kommt noch ein weiteres Element, um den Blutdruck zu senken: Gesangs- und Musiktherapie. Auf Anraten von Jörn Klasen lernt Heino L. bei Atemübungen, innerlich zur Ruhe zu kommen. Die Wirkung ist verblüffend: Sein Blutdruck sinkt innerhalb von einer Stunde von 140/100 auf 120/90 mmHg. Nach vier Monaten Fasten- und Gesangstherapie hat der Patient knapp 20 Kilo abgenommen. Der Blutdruck ist zu 90 Prozent im normalen bis optimalen Bereich. Er kann seine Medikamente reduzieren und muss jetzt nur noch dranbleiben.

Metabolisches Syndrom

Hinter diesem Begriff stecken verschiedene Krankheiten, die schon gefährlich sind, wenn sie für sich allein auftreten. Kommen aber mehrere davon zusammen, spricht der Arzt vom „metabolischen Syndrom". Übergewicht mit Fetteinlagerung im Bauch, erhöhte Blutzuckerwerte, ein gestörter Fettstoffwechsel und Bluthochdruck gehören dazu. Obwohl das „tödliche Quartett" neben dem Rauchen der wichtigste Risikofaktor für Herz-Kreislauf-Erkrankungen ist, wird das Syndrom häufig erst im Rahmen von Vorsorgeuntersuchungen oder nach einem Herzinfarkt beziehungsweise Schlaganfall entdeckt.

Arteriosklerose

Liegt einer oder liegen mehrere dieser Risikofaktoren vor, kann es im Laufe der Zeit zu ernsthaften Herz-Kreislauf-Erkrankungen kommen. Die bekannteste ist die Arteriosklerose (auch Atherosklerose genannt). Sie entsteht, wenn sich die Gefäße durch Fett- und andere Ablagerungen in der inneren Wandschicht zunehmend verengen und die Sauerstoffversorgung beeinträchtigt wird. In der Abbildung unten sehen Sie, wie sich die Gefahr über die Jahre zuspitzen kann. Am Anfang des Lebens ist das Blutgefäß noch gesund. Leichte Anzeichen beginnen schon sehr früh, nämlich nach den ersten zehn Jahren. Cholesterin und andere Fette lagern sich bereits bei jungen Menschen in der inneren Schicht arterieller Blutgefäße ab. Zwischen den Wänden entstehen fettige Streifen, die klinisch noch nicht zu erkennen sind, aber langsam zu Fettansammlungen wachsen und ab etwa 30 Jahren kalkartige Verhärtungen bilden. Von da an besteht die Gefahr, dass die unter zunehmendem Druck stehen-

Arteriosklerose: Gefäßverstopfungen in verschiedenen Stadien

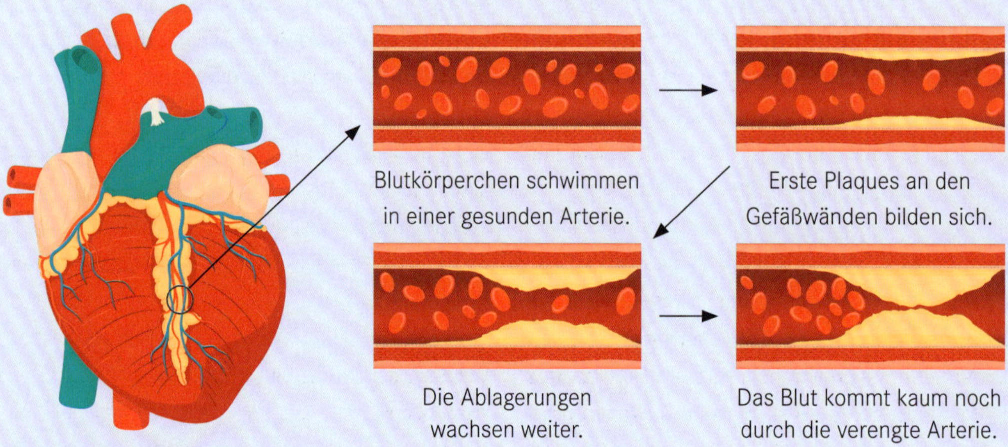

Arteriosklerose entwickelt sich sehr langsam. Fette und Stoffe aus dem Blut lagern sich ab, sodass die Gefäßwände immer dicker und härter werden, während die Arterie sich zunehmend verengt. Schreitet der Prozess fort, besteht die Gefahr von Verschlüssen durch Blutgerinnsel.

den Gefäßwände aufbrechen und es zu Blutungen und Thrombosen (Gefäßverschluss) kommt. Das Ganze ist ein langer Prozess, bei dem chronische Entzündungen die Mitochondrien, die Zellkraftwerke des Körpers, schädigen. Dabei entstehen sogenannte Schaumzellen, denn der Körper produziert Bindegewebsfasern, die diese Schädigungen reparieren sollen.

Koronare Herzkrankheit

Sind die Gefäße rund ums Herz betroffen, spricht man von der koronaren Herzkrankheit (KHK). Der Begriff beschreibt Durchblutungsstörungen des Herzmuskels, die dadurch entstehen, dass die Herzkranzgefäße (Koronararterien) verengt sind. Das Herz bekommt nicht mehr genug Sauerstoff. In der Brust entstehen Engegefühle; es kommt zu Schmerzen hinter dem Brustbein, Schweißausbrüchen, Übelkeit und Luftnot. Die Beschwerden treten vor allem bei körperlicher Belastung auf.

Sowohl die koronare Herzkrankheit als auch eine fortgeschrittene Arteriosklerose werden meist mit Medikamenten behandelt. Wenn diese nicht mehr wirken, ist eine Operation sinnvoll. Dabei wird die verengte Stelle geweitet, mit einem Stent zum Offenhalten versehen oder mit einem Bypass ersetzt, der entweder am Herz aus einer Vene oder einer umgeleiteten Arterie des Körpers besteht. Am Herz wird kein künstliches Gewebe verwendet.

Herzinfarkt

Wenn sich ein Herzkranzgefäß verschließt, wird ein Teil des Herzens nicht mehr mit Sauerstoff versorgt. Es kommt zum Herzinfarkt (Myokardinfarkt). Das Herz gerät in höchste Not. Es kann seine Aufgaben nicht mehr erfüllen, die Situation ist lebensgefährlich. Der Herzmuskel ist nicht mehr in der Lage, sich zusammenziehen. Je mehr Gewebe zerstört ist, desto stärker ist auch die Muskelschwäche. Wird der Infarkt nicht rechtzeitig behandelt, stirbt der Herzmuskel ab.

Warnzeichen für einen Herzinfarkt

Beim Herzinfarkt geht es meist um Sekunden. Je schneller geholfen wird, desto besser sind die Überlebenschancen. Typische Warnzeichen, die etwa bei der Hälfte aller Fälle ein bis zwei Tage vorher auftreten, sind:

- Schmerzen, Brennen, Druck- und Engegefühle im Brustkorb,
- blasse, fahle Haut
- kalter Angstschweiß,
- Übelkeit und Erbrechen.

Wichtig zu wissen: Die Anzeichen für einen Infarkt können auch unspezifisch sein (etwa Schmerzen im Oberbauch). Das gilt insbesondere für Frauen. Wichtige Faustregel: Rufen Sie einen Rettungswagen mit Notarzt (112), wenn Sie unter Beschwerden in einem Ausmaß leiden, wie Sie es noch nie erlebt haben.

Kommt ein Betroffener aber rechtzeitig ins Krankenhaus, versuchen die Ärzte, den Verschluss möglichst schnell zu beseitigen. Vorher leitet ein Notarzt bereits Sofortmaßnahmen ein. Nicht jeder Infarkt verläuft übrigens gleich, die Symptome sind unterschiedlich stark ausgeprägt. Manche Herzinfarkte verursachen so gut wie keine Symptome (sogenannte stumme oder stille Infarkte) und werden erst im Nachhinein - häufig Jahre später - bei einer Routineuntersuchung erkannt.

Herzinsuffizienz

Die Herzinsuffizienz, auch Herzschwäche oder Herzmuskelschwäche genannt, beruht auf ähnlichen Ursachen und Risikofaktoren wie der Herzinfarkt. Sie entsteht, wenn der Herzmuskel geschwächt oder versteift ist und das Herz seine gewohnte Leistung nicht mehr erbringen kann. Das Zusammenspiel zwischen rechter und linker Herzhälfte gerät aus dem Gleichgewicht, was auch für andere Organe und Muskeln Folgen hat, die nicht mehr ausreichend mit Sauerstoff und Nährstoffen versorgt werden. Die Patienten fühlen sich abgeschlagen, sind häufig schon bei kleinen Anstrengungen erschöpft und bekommen auch im Ruhezustand nur schlecht Luft. Diabetes, Nierenschwäche, Wassereinlagerungen, Thrombosen und Lungenödeme können Folgeerkrankungen sein. Herzrhythmusstörungen und Pumpversagen des Herzens gehören ebenfalls zu den möglichen Komplikationen. Dazu kommt es, wenn das Gewebe nicht mehr pumpen und keinen Strom mehr leiten kann. Bei Rhythmusstörungen schlägt das Herz zu langsam, zu schnell oder zu unregelmäßig.

Vorhofflimmern

Die einen spüren es durch Herzrasen, die anderen merken gar nichts: Beim sogenannten Vorhofflimmern ziehen sich die Vorhofwände nicht mehr richtig zusammen. Sie füllen sich deshalb unvollständig mit Blut und leiten nur noch unkontrollierte Impulse zu den Herzkammern weiter. Unter diesen Bedingungen reduziert das Herz seine Leistung. Tritt das Vorhofflimmern anfallsartig mit Herzstolpern oder -rasen auf, können die Symptome nach ein paar Stunden oder Tagen wieder verschwinden. Die Betroffenen sollten es aber trotzdem abklären lassen, denn eine sichere Diagnose lässt sich nur mit einem EKG erstellen. Geht man einfach darüber hinweg, besteht die Gefahr, dass ein dauerhaftes Vorhofflimmern daraus wird, das wiederum das Risiko für einen Schlaganfall erhöht. Im frühen Stadium kann Vorhofflimmern mit Medikamenten behandelt werden. Manche Ärzte setzen dann auch auf eine elektrische Kardioversion („Elektroschock"). Bei anderen Herzrhythmusstörungen wird eine sogenannte Katheterablation eingesetzt. Dabei verödet ein Kunststoffschlauch einen bestimmten Bereich im linken Vorhof, um Störimpulse zu verhindern. Auch wenn der Name ähnlich klingt: Vorhofflimmern ist etwas anderes als Kammerflimmern. Dabei trifft die Störung die großen Herzkammern, die versagen. Werden die Betroffenen nicht sofort wiederbelebt, sterben sie.

Schlaganfall

Bei einem Schlaganfall wird das Gehirn „schlagartig" nicht mehr richtig durchblutet. Die Ursache sind meistens Blutgerinnsel, die ein Gefäß im Kopf verstopfen. Sie entwickeln sich oft in anderen Bereichen des Gefäßsystems, insbesondere im Herzen bei Vorhofflimmern, und gelangen über den Blutkreislauf ins Gehirn, können aber auch im Kopf selbst entstehen. Dass ein Gefäß im Gehirn reißt oder Blutungen auftreten, passiert etwas seltener, kommt aber auch vor. Plötzliche Kopfschmerzen können Vorboten sein. Bei Lähmungen, Taubheitsgefühlen oder Sprachstörungen liegt schon ein Schlaganfall vor. Auch hier gilt wie beim Infarkt: Warten Sie nicht ab, dass sich die Beschwerden von allein erledigen, sondern rufen Sie sofort den Notarzt. Ein Großteil der Betroffenen überlebt den Schlaganfall. Es können danach aber Lähmungen und andere Einschränkungen auftreten, die sich manchmal mit der Zeit bessern, manchmal aber auch bleiben. Das Risiko für weitere Schlaganfälle ist deutlich erhöht. Wiederholte Schlaganfälle lassen auch das Demenzrisiko drastisch ansteigen.

Die Ernährungs-Docs

Wer sich regelmäßig vom Hausarzt durchchecken lässt, kann möglichen Risiken für Herzerkrankungen frühzeitig auf die Spur kommen. Die Krankenkassen bezahlen den medizinischen Check-up in der Regel alle drei Jahre. Dabei wird nicht nur der ganze Körper, sondern auch das Herz gründlich untersucht. Unter anderem werden die Blutzuckerwerte, der Gesamtcholesterinwert, die LDL- und HDL-Werte sowie der Triglyceridwert überprüft und ein Ruhe-EKG erstellt.

Gegen Herzschwäche: Zuckerfasten

Herzschwäche liegt bei ihm in der Familie, Vater und Großvater starben schon früh daran. Deshalb ist Thorsten W. akut gefährdet. Er muss abnehmen, um das Herz zu entlasten, und dafür einige Gewohnheiten verändern.

Thorsten W. ist familiär vorbelastet und leidet schon seit einiger Zeit an Herzproblemen. Sein Vater starb mit 37 Jahren an Herzschwäche und auch seinen Großvater traf es schon in der ersten Lebenshälfte. „Ich würde diesen Bann, der auf meiner Familie lastet, gerne durchbrechen", sagt der 53-Jährige, als er zu den Ernährungs-Docs kommt. Er ist häufig müde und gerät schnell in Atemnot.

Er muss besser essen. Thorsten W. im Gespräch mit Ernährungs-Doc Matthias Riedl.

Abnehmen ja, aber nicht zu schnell

Für Ernährungs-Doc Matthias Riedl ist der Zusammenhang eindeutig: 137 Zentimeter Bauchumfang, 135 Kilo - allein das Übergewicht belastet das Herz. Die Pumpfunktion ist deutlich eingeschränkt: Sie liegt bei 36 Prozent, während 55 Prozent für Thorsten W. normal wären. Wenn sich der Zustand weiter verschlechtert, steigt das Risiko für einen plötzlichen Herztod. Thorsten W. muss als Erstes abnehmen, denn ein ohnehin schwaches Herz hat bei Übergewicht noch mehr zu tun. Allerdings darf er nicht zu schnell Gewicht verlieren, das könnte die Herzleistung vorübergehend schwächen. Mehr als 20 Kilo in einem Vierteljahr sollten es nicht werden.

Der Patient ist motiviert, hat aber ein Problem. Er isst gern Süßes. Obwohl er sein Risiko kennt, fühlt sich Thorsten W. hilflos. Denn alles, was er bisher versucht hat, half wenig. Beim Blick ins Ernährungsprotokoll sieht Matthias Riedl sofort, warum. Thorsten W. möchte zwar intervallfasten, isst aber zwischen den Hauptmahlzeiten noch zwei bis drei Zwischenmahlzeiten. Da er dann vor allem zu Süßem greift, hat er schnell wieder Hunger. Es fehlt an sättigendem Eiweiß. Das muss in Form von Nüssen, Hülsenfrüchten, Eiern, Milchprodukten, Fisch oder Fleisch auf den Speiseplan. Dazu kommt vor allem Gemüse im Rahmen von zwei Mahlzeiten innerhalb von acht Stunden. Danach soll der Herzpatient über Nacht fasten. Mit Snacks und allem, was Zucker enthält, ist Schluss.

Bald setzt Gewohnheit ein

Das ist schwer. „Die ersten Tage waren wirklich trist", resümiert Thorsten W. „Zwischendurch wollte ich die Tapete von den Wänden fressen." Doch bald setzt Gewöhnung ein. „Ich war selbst überrascht, dass das geht." Sein Bewegungsprogramm (fünfmal pro Woche 30 Minuten Walken) dehnt er nach einiger Zeit sogar freiwillig aus - bis der Hund kaum noch Lust hat, seinem Herrchen zu folgen. Die Bilanz nach sechs Monaten: 18 Zentimeter Bauchumfang sind weg, Thorsten W. hat 13 Kilo abgenommen. Die Pumpfunktion des Herzens ist von 36 auf 41 Prozent gestiegen. Nur hin und wieder genießt Torsten W. noch Süßes - es werden aber keine Dauernaschphasen mehr daraus. Die Chancen stehen gut, dass die Kilos weiter purzeln.

Essen verändert die Wirkung von Medikamenten

Einiges, was auf unserem Speiseplan steht, kann die Wirkung von Medikamenten verändern. Deshalb sollte sich jeder Patient, der Herzmedikamente einnimmt, gut über mögliche Wechselwirkungen informieren. Ernährungs-Doc Silja Schäfer warnt vor riskanten Kombinationen und anderen Fehlern.

Welche Fehler machen Herzpatienten?

Bei Herz-Kreislauf-Erkrankungen sind oft mehrere Medikamente nötig, die aufeinander abgestimmt sein müssen. Die sollte man wirklich genau so einnehmen, wie sie verschrieben werden. Einige Patienten tun das leider nicht. Vor allem, wenn es ihnen besser geht, setzen manche die Medikamente einfach ab.

Inwiefern spielt die Ernährung eine Rolle?

Unser Essen und Trinken enthält oft Inhaltsstoffe, die die Wirkung von Medikamenten verändern können. Grapefruitsaft beispielsweise beeinflusst viele Medikamente. Dazu zählen Statine (wie Atorva- und Simvastatin) und bestimmte Blutdrucktabletten (etwa Amlodipin, Nifedipin). Medikamente, die die Blutgerinnung hemmen (wie Marcumar), werden von Vitamin K abgeschwächt. Und nicht jedes Herzmedikament verträgt sich mit kalziumreichem Mineralwasser, hier besser zu Leitungs- oder kalziumarmem Mineralwasser greifen.

Lakritze gilt als gefährlich, warum?

Hypertoniker und Diabetiker sollten nicht mehr als 50 Gramm Lakritze am Tag essen, da sie die Kaliumausscheidung, die Natrium- und Wasseraufnahme fördert. Zudem enthält sie den Süßstoff Glycyrrhizin, der im Übermaß die Herzkranzgefäße verengen kann.

Was spielt sonst noch eine Rolle?

Es geht bei Medikamenten und Ernährung nicht nur um die Inhaltsstoffe. Auch der richtige Zeitpunkt ist wichtig. Im Beipackzettel steht zum Beispiel, ob man ein Medikament vor oder nach dem Essen nehmen soll, also mit vollem oder leerem Magen. Manches wirkt bei vollem Magen und fettreicher Nahrung langsamer - das muss man wissen. Wenn jemand seine Ernährung umstellt, weil er eine Diät macht, muss der Arzt oder die Ärztin die Dosis eines Medikaments eventuell anpassen und häufiger kontrollieren.

Ist Aspirin als Herzschutz geeignet?

Auch bei vermeintlich harmlosen Schmerzmitteln wie Aspirin muss man auf Neben- und Wechselwirkungen achten. Acetylsalicylsäure (zum Beispiel ASS, Markenname Aspirin) wird Risikopatienten empfohlen, um Blutgerinnsel zu verhindern. Lange Zeit nahmen auch Gesunde das Schmerzmittel, um Herzkrankheiten vorzubeugen. Das gilt heute als überholt. Es gibt keine ausreichenden Beweise dafür, dass ASS bei Menschen ohne Risikofaktoren prophylaktisch wirkt. Dafür sind die Nebenwirkungen wie Magen-Darm-Beschwerden, Sodbrennen, Übelkeit oder Durchfall erheblich. Außerdem kann der Wirkstoff zu schweren inneren Blutungen führen.

Wichtige Herzmedikamente im Überblick

Betablocker

Wann werden sie eingesetzt?

Bei Bluthochdruck, koronarer Herzkrankheit (KHK), Herzrhythmusstörungen, Herzinsuffizienz, nach einem Herzinfarkt

Wie wirken sie?

Senken den Blutdruck und verlangsamen den Puls. Das Herz verbraucht weniger Sauerstoff.

Beispiele:

Atenolol, Bisoprolol, Carvedilol, Metoprolol

Was bei der Ernährung beachten?

Alkohol kann die Wirkung des Medikaments verstärken; eventuell verstärkt er auch Nebenwirkungen wie Müdigkeit, Asthma, depressive Verstimmung, Potenzprobleme beim Mann oder Durchblutungsstörungen in den Armen und Beinen.

ACE-Hemmer

Wann werden sie eingesetzt?

Bluthochdruck, Herzschwäche, nach Herzinfarkt, Diabetes

Wie wirken sie?

Senken den Blutdruck, indem sie die Bildung des körpereigenen Hormons Angiotensin II blockieren, schützen vor krankhaften Veränderungen an den Gefäßwänden, senken die Stresshormone

Beispiele:

Benazepril, Enalapril, Lisinopril, Ramipril

Was bei der Ernährung beachten?

Kann in Kombination mit kaliumsparenden Diuretika stark erhöhte Kaliumspiegel verursachen – dann kaliumreiche Lebensmittel meiden (z. B. Trockenobst oder Kohlsorten). Es kann sich auch ein Zinkmangel mit Müdigkeit, Geschmacks- und Geruchsstörung, Haarausfall oder Störung des Zuckerstoffwechsels entwickeln.

Diuretika

Wann werden sie eingesetzt?

Herzinsuffizienz, Bluthochdruck

Wie wirken sie?

Harntreibend, entziehen dem Körper Wasser, entlasten das Herz, senken den Blutdruck.

Beispiele:

Furosemid, Hydrochlorothiazid, Spironolacton

Was bei der Ernährung beachten?

- Bei Chlortalidon, Indapamid, Xipamid: Steigerung der Ausscheidung von Kalium und Magnesium, Folsäure, Vitamin B_1 und B_{12} sowie Zink
- Bei Schleifendiuretika (z. B. Furosemid, Torasemid, Piretanid, Etacrynsäure, Bumetanid): Steigerung der Ausscheidung von Magnesium, Kalium, Vitamin B_1
- Bei kaliumsparenden Diuretika (z. B. Amilorid, Triamteren, Spironolacton): Vorsicht vor erhöhten Kaliumspiegeln im Blut – Gefahr von Herzrhythmusstörungen (siehe ACE-Hemmer); gelegentlich Folsäuremangel

Kalzium-Kanalblocker

Wann werden sie eingesetzt?

Bluthochdruck, KHK, Herzrhythmusstörungen

Wie wirken sie?

Senken den Gefäßwiderstand, optimieren die Herzmuskelkontraktion, sodass der Sauerstoffbedarf sinkt und das Herz sich erholen kann.

Beispiele:

Nifedipin, Amlodipin, Felodipin

Was bei der Ernährung beachten?

Grapefruitsaft kann den Plasmaspiegel erhöhen, die Blutdrucksenkung verstärken und unerwünschte Nebenwirkungen wie Schwellung der Beine, Schwindel oder Impotenz verursachen.

Neues aus der Forschung

Was hält unser Herz gesund? Diese Frage beschäftigt Wissenschaftler immer wieder. Lesen Sie hier, warum Kaffee erlaubt ist, wann Sport dem Herz schadet und wie sich die Menschen mit den gesündesten Herz-Kreislauf-Systemen der Welt ernähren.

Herz und Seele

Wer unter Depressionen leidet, hat häufig einen ungesunden Lebensstil. Denn wenn die Seele nicht mitspielt, kann kaum jemand fürsorglich mit sich selbst umgehen. Mehrere Studien am Helmholtz-Zentrum in München zeigten, dass das Risiko für Herzerkrankungen bei Depressionen ähnlich hoch ist wie bei Rauchern, Übergewichtigen und Bluthochdruckpatienten. Außerdem können Herz-Kreislauf-Erkrankungen auch umgekehrt wirken und aufs Gemüt schlagen. Trauer, unbewältigte Konflikte, Ängste oder Niedergeschlagenheit werden schlimmer, wenn das Herz nicht mehr gesund ist. In solchen Fällen ist eine ganzheitliche Behandlung wichtig.

Vorsicht vor einseitigen Diäten

Wer auf Kohlenhydrate verzichtet, um möglichst schnell Gewicht zu verlieren, lebt möglicherweise gefährlich. Eine Untersuchung des American College of Cardiology kam mit Gesundheitsdaten von 14 000 Probanden zu dem Ergebnis, dass extrem kohlenhydratarme Low-Carb-Diäten das Risiko für Herzrhythmusstörungen erhöhen.

Gesundes Leben in der Natur

Naturvölker haben den Beweis erbracht: Wer komplett auf Zucker in seiner Reinform verzichtet, keine Transfette kennt und überwiegend von ballaststoffreichen Knollen, zuckerarmem Obst, Nüssen und gelegentlich Fisch oder Fleisch lebt, kann sein Herz bis ins hohe Alter fit halten. Das fanden Wissenschaftler bei Untersuchungen der Tsimane heraus. Wenn es um Herz-, Kreislauf- und Gefäßerkrankungen geht, ist dieses Naturvolk aus Bolivien das gesündeste Volk der Welt. 85 Prozent der Tsimane zwischen 40 und 94 Jahren haben keinerlei Herz-Kreislauf-Beschwerden. Zum Vergleich: Bei US-Amerikanern ist dies nur bei 14 Prozent der Fall.

Achtung: Sport ist nicht immer hilfreich

Bei der sogenannten Kardiomyopathie verändert sich die Struktur des Herzmuskels, sodass sich die Herzkammern weiten und das Herz größer wird. Das kann bei einer Viruserkrankung passieren, aber auch toxische oder autoimmunbedingte Ursachen haben. Die Krankheit ist seit der Corona-Pandemie höchst aktuell und kann im Fall einer coronabedingten Herzmuskelentzündung (Myokarditis) auch bei jungen Menschen zum Tod führen – und zwar tückischerweise noch Monate später. Eine Myokarditis ist eine ernst zu nehmende Folge von Covid-19. Selbst bei milden Verläufen kann das Herz hier beteiligt sein. Die Betroffenen dürfen keinen Sport treiben. Die Faustregel: Pro Tag Fieber gilt eine Woche Sportpause.

Freispruch für Kaffee

Ist Kaffee nun gut oder schlecht fürs Herz? Lange Zeit stand das braune Kultgetränk im Verdacht, Bluthochdruck zu verursachen beziehungsweise zu verstärken. Der Herzgesundheit zuliebe sollte man deshalb möglichst wenig Kaffee trinken. Mittlerweile wurde das beliebte Getränk aber freigesprochen und gilt heute Studien zufolge sogar als herzgesund. Das im Kaffee enthaltene Koffein wirkt zwar anregend, aber es stecken auch entzündungshemmende Stoffe (sogenannte Polyphenole) darin, die vor Herzkrankheiten schützen. Das gilt allerdings nur für schwarzen Kaffee. Kommt Milch oder Zucker dazu, lässt die erwünschte antioxidative Wirkung offenbar nach. Dabei darf man nicht außer Acht lassen, dass auch beim Kaffee die Dosis das Gift macht. Vier bis fünf Tassen täglich sind okay.

„Komasaufen“ besonders gefährlich

Alkoholmissbrauch gilt mittlerweile als eigenständiger Risikofaktor für Herz-Kreislauf-Erkrankungen. Im Rahmen einer Studie der Universität San Francisco zeigte sich, dass übermäßiger Alkoholgenuss das Risiko für Vorhofflimmern verdoppeln, das für Herzinsuffizienz sogar um das 2,3-Fache erhöhen kann. Alkohol begünstigt Gefäßschädigungen und Entzündungen im Körper und kann elektrische Impulse stören, die den Herzschlag regulieren. Der Konsum ist schon vom ersten Tropfen an ungesund. Besonders brisant: Das sogenannte Komasaufen in der Jugend erhöht das Risiko für Herzschwäche im Erwachsenenalter, denn das junge Herz ist besonders empfindlich.

Ein gesunder Lebensstil fürs Herz-Kreislauf-System

Nicht nur die Ernährung spielt eine wichtige Rolle, wenn es um einen herzgesunden Lebensstil geht. Weitere Risiken für Herzerkrankungen lassen sich deutlich senken, wenn Sie nicht rauchen, sich ausreichend bewegen und gut mit Stress umgehen.

Viele Bereiche unseres Lebens beeinflussen die Herzgesundheit. Häufig tun wir Dinge aus reiner Gewohnheit, ohne lange darüber nachzudenken, und es fällt uns einfach zu schwer, uns umzustellen. Das gilt zum Beispiel beim Thema Tabakkonsum. Raucher haben ein doppelt so hohes Risiko, am Herz zu erkranken, wie Nichtraucher. Die Wahrscheinlichkeit für einen Schlaganfall ist bei ihnen ebenfalls um etwa 50 Prozent höher. Und das gilt nicht nur für starke Raucher, sondern auch schon für alle, die regelmäßig zum Glimmstängel greifen.

Weniger Raucher, aber das Risiko bleibt

Zum Glück wird heute weniger geraucht als früher. Jahrzehntelange Anti-Rauch-Kampagnen zeigen offenbar Wirkung. Während um die Jahrtausendwende noch ein Drittel der Weltbevölkerung zu Zigaretten, Zigarren und Co. griff, war es 15 Jahre später nur noch ein Viertel. Nach Schätzungen der Weltgesundheitsorganisation WHO werden die Zahlen wohl weiter sinken, sind aber trotzdem immer noch zu hoch und für jeden einzelnen Raucher eine immense Gefahr.

Mehr als 4000 Schadstoffe

Auch wenn das Aufhören schwerfällt, sollte man sich immer wieder klarmachen: Rauchen schädigt nicht nur Lunge, Haut, Augen und Immunsystem. Wer herzgesund leben möchte, muss es lassen – vor allem, wenn noch weitere Risikofaktoren wie Übergewicht, Bewegungsmangel oder hohe Blutfettwerte dazukommen. Kaum etwas schadet dem Herz-Kreislauf-System so sehr wie Nikotin und Tabakrauch. In nur einer Zigarette stecken sage und schreibe mehr als 4000 gesundheitsschädliche Substanzen.

Angriff auf mehreren Ebenen

Der blaue Dunst greift gleich auf mehreren Ebenen an. Es beginnt beim Blut. Der Rauch erhöht das sogenannte Fibrinogen, das ist ein Gerinnungsfaktor, der das Blut verklumpt. Als Folge wird es zähflüssig, fließt

Bewegung in der Natur entspannt. Walken eignet sich auch für Einsteiger.

schlechter, lässt den Blutdruck steigen und schädigt die Innenwände der Gefäße ebenso wie die Muskulatur der Herzwand. Langfristig droht die gefährliche Arteriosklerose in der Hauptschlagader. Gleichzeitig werden günstige Blutfettstoffe vermindert und ungünstige erhöht.

Aufhören zeigt sehr schnell Wirkung

Die gute Nachricht: Aufhören lohnt sich in jeder Lebensphase. Es ist nie zu spät, das Rauchen aufzugeben, denn die Wirkung zeigt sich überraschend schnell. Der Körper kann sich sehr gut von den Belastungen erholen. Bereits nach zwölf Stunden sinkt der Kohlenmonoxidgehalt im Blut, nach einer Woche ohne blauen Dunst werden Herz und Gewebe besser mit Sauerstoff versorgt und der Blutdruck sinkt. Wer zwei Jahre durchhält, kann das Risiko für Herz-Kreislauf-Erkrankungen auf das Niveau eines Nichtrauchers senken. Das sollte allerdings niemand zum Anlass nehmen, den Rauchstopp immer wieder zu verschieben - nach dem Motto „Ich kann ja später noch aufhören und alles wiedergutmachen". Je früher der Ausstieg gelingt, desto mehr gesunde Lebensjahre liegen vor einem. Wer nicht allein vom Glimmstängel loskommt, sollte sich professionell unterstützen lassen. Fragen Sie Ihren Arzt nach passenden Programmen.

Sich bewegen bringt Segen

Ein weiterer wichtiger Bestandteil eines gesunden Lebensstils ist die Bewegung. Das wissen die meisten, trotzdem hapert es immer wieder an der Umsetzung. Wie wirken körperliche Aktivitäten auf unser Herz-Kreislauf-System? Wer regelmäßig in Schwung kommt, verbessert die Fließeigenschaften des Blutes. Sport senkt die Cholesterinwerte und sorgt dafür, dass überschüssige Pfunde leichter schmelzen. In den Nebenkreisläufen des Blutsystems regt eine bessere Versorgung mit Nährstoffen und Sauerstoff das Wachstum neuer Gefäße an. Der Herzmuskel wird stärker durchblutet und kräftiger. Damit nehmen auch Leistungsfähigkeit, Wohlbefinden und Selbstbewusstsein zu. Die Lebensqualität verbessert sich in vielfacher Hinsicht. Wenn Sie längere Zeit keinen Sport getrieben haben, sollten Sie sich vom Arzt durchchecken lassen, bevor Sie loslegen. Vorerkrankungen und Medikamente spielen bei der Auswahl einer passenden Sportart ebenso eine Rolle wie persönliche Vorlieben, frühere Sporterfahrungen und das Alter.

Der Sechs-Minuten-Test

Komme ich schnell aus der Puste? Wer keine Vergleichsmöglichkeiten hat, kann diese Frage nur schwer beantworten. Da hilft der Sechs-Minuten-Test: Dafür suchen Sie sich einen möglichst ebenerdigen Weg und gehen los. Nach sechs Minuten merken Sie sich an einem Orientierungspunkt, wie weit sie gekommen sind. Anschließend gehen Sie diese Strecke jeden Tag und können dabei sehen, ob Sie sich verbessert haben und ein Stück weiter gekommen sind. Zur Orientierung: Untrainierte Menschen mit einem gesunden Herz legen 700 bis 800 Meter in sechs Minuten zurück.

Leichtes Ausdauertraining zum Einstieg

Bei herzgesunder Bewegung geht es nicht um Leistungssport. Gut geeignet sind alle Aktivitäten, die sich leicht durchführen und in der Intensität individuell anpassen lassen. Optimal fürs Herz-Kreislauf-System ist Ausdauertraining, das man mit einem leichten Spaziergang täglich beginnen kann. Sobald das gut klappt, wird vielleicht Walken und später auch Joggen daraus. Radfahren in unterschiedlichem Tempo ist ebenfalls für Einsteiger und Fortgeschrittene geeignet. Wer sich von schlechtem Wetter abhalten lässt, kann sich ein Lauf- oder Radfahrgerät (Ergometer) für zu Hause anschaffen. Auch Schwimmen ist ein herzstärkender Sport. Die Aufraffhürde ist allerdings höher, denn bis man im Wasser ist, vergeht einige Zeit.

Das individuell richtige Maß finden

Eine ideale Ergänzung zum Ausdauertraining sind Gymnastik- und Dehnübungen, die den Körper beweglich halten. Auch leichtes Krafttraining, um gesundheitsfördernde Muskeln aufzubauen, unterstützt jedes sportliche Vorhaben. Bei allen Sportarten gilt die Faustregel: Starten Sie mit moderaten Trainingseinheiten. Der Puls sollte immer im mittleren Bereich bleiben. Das zeigt sich daran, dass man sich nebenbei noch unterhalten kann, ohne in Atemnot zu geraten („Laufen ohne Schnaufen"). Schwitzen ist dabei durchaus erwünscht.

Sport hält das Herz-Kreislauf-System fit. Das geht auch zu Hause im Wohnzimmer.

Auch im Alltag kann man aktiv sein

Beim Thema Bewegung geht es aber nicht nur darum, die Sportschuhe anzuziehen. Auch im Alltag lässt sich das Herz-Kreislauf-System mit allen Tätigkeiten stärken, die ein bisschen Anstrengung erfordern: Gartenarbeit, Haushalt, Aufräumen, Treppensteigen, Zu-Fuß-einkaufen-Gehen oder anderes. Es gibt viele Möglichkeiten, zwischendurch immer wieder kleine Fitnesseinheiten einzulegen. Ein Schrittzähler kann dabei motivierend sein. Finden Sie mit diesem heraus, wie viele Schritte Sie täglich zurücklegen, und nehmen Sie sich vor, sich nach und nach auf 8000 bis 10 000 zu steigern.

Mit Bewegung nachsorgen

Früher rieten Ärzte Herzpatienten vor allem, sich zu schonen. Das ist heute anders. Denn mit Bewegung lässt sich nicht nur vorbeugen, sondern auch nachsorgen. Solange man es nicht übertreibt und unter ärztlicher Aufsicht sanft einsteigt, können die meisten Menschen mit Herzproblemen ihre Beschwerden lindern, wenn sie sich bewegen. Selbst eine Bypassoperation ist kein Hindernis für körperliche Aktivitäten. Manchmal lässt sich eine koronare Herzerkrankung mit Bewegung sogar rückgängig machen. Als Faustregel gilt: Zwei- bis dreimal pro Woche gehören körperliche Aktivitäten ins Programm.

Herzsport im Team

Wer nicht allein trainieren möchte, ist in einer sogenannten Herzsportgruppe in der Regel gut aufgehoben. Gesundheitszentren, Sportvereine oder Reha-Kliniken gehören zu den Anbietern von diesen Kursen. Dabei handelt es sich um Reha-Maßnahmen, in deren Rahmen Patienten mit koronarer Herzerkrankung, Herzinsuffizienz oder nach einem Infarkt unter medizinischer Anleitung in angemessenem Maß trainieren. Fragen Sie am besten Ihren Arzt nach Angeboten in der Umgebung.

Den Stress aktiv abbauen

Wer sich viel bewegt, darf sich auch über einen weiteren Vorteil für die Herzgesundheit freuen. Körperliche Aktivitäten helfen dabei, Druck abzubauen. Denn Stress ist keine harmlose Erscheinung, sondern ebenfalls ein großes Risiko fürs Herz-Kreislauf-System. Unter Anspannung steigt der Blutdruck, das Herz schlägt schneller und das Nervensystem wird hochgefahren. Das kann über verschiedene Erkrankungen bis zum Infarkt führen (siehe Seite 34).

Energie für Kampf oder Flucht

Stress an sich ist eigentlich gar nichts Schlechtes. Er macht den Körper leistungsfähig, wenn Gefahr droht. Schließlich brauchte der Mensch in grauer Vorzeit genug Energie, um zu kämpfen oder zu fliehen, wenn er von wilden Tieren bedroht wurde. Insofern hat die Natur vorgesorgt und den menschlichen Organismus mit einer Extraportion Energie auf Abruf ausgestattet, die keineswegs schädlich ist. Ungesund wird es erst, wenn nach einer Stressphase keine Entspannung möglich ist. In einer Gesellschaft, in der ein Großteil der Menschen seinen Alltag überwiegend im Sitzen unter Leistungsdruck verbringt, ist das weitverbreitet.

Wie Stress das Herz schädigt

Bleibt der Blutdruck dauerhaft hoch, verengen sich die Gefäße. Der Körper schüttet Stresshormone aus, die – wenn sie nicht wieder abgebaut werden – Entzündungsreaktionen hervorrufen, die die Insulinausschüttung verstärken, das Immunsystem schwächen und das Risiko für Herzerkrankungen erhöhen. Typische Warnzeichen für ungesunden Stress sind Schlafstörungen. Kein Wunder, dass Menschen, die sich gestresst fühlen, häufiger einen Infarkt erleiden als andere. Vor allem Wut und Ärger erhöhen das Risiko. Dabei ist Dauerstress das größte Problem, denn der kann zum Burn-out führen. Kleine Pausen mit Atemübungen oder einer Meditation – immer nach ein bis zwei Stunden intensiver Anspannung – bringen Stressgeplagte dagegen zurück in ein gesundes Gleichgewicht zwischen Be- und Entlastung.

Atemübung für Einsteiger

Wenn wir unter Druck stehen, wird die Atmung automatisch flacher und der Körper dementsprechend schlechter durchblutet. Deshalb sind Atemübungen eine wirksame Hilfe, wenn es darum geht, schnell Stress abzubauen und das Herz-Kreislauf-System zu entlasten. Probieren Sie es mal mit dieser einfachen Übung:

- Setzen oder stellen Sie sich aufrecht hin und legen Sie die Hände auf den Bauch.
- Atmen Sie ein paar Atemzüge lang bewusst tief in den Bauch hinein.
- Den nächsten Schritt machen Sie mit System: Zählen Sie beim Einatmen langsam bis vier.
- Halten Sie die Luft dann etwa zwei Sekunden an, während Sie dabei weiter bis sechs zählen.
- Atmen Sie so langsam aus, dass Sie dabei bis acht zählen können.
- Wiederholen Sie das Ein- und Ausatmen auf diese Weise fünfmal.

In der Balance bleiben

Ein Lebensstil, der das Herz entlastet, bedeutet deshalb auch, eine gesunde Balance zwischen An- und Entspannung zu finden. Ob Yoga, Meditation, Atemübungen, bewusstes Abschalten, Pauseneinlegen oder Spazierengehen ohne Leistungsgedanken – es gibt viele Möglichkeiten, übermäßige Belastungen im Alltag abzubauen. Wer das nicht allein schafft, sollte sich nicht scheuen, Hilfe in Anspruch zu nehmen und zum Beispiel einen Yoga- oder Meditationskurs zu besuchen.

Vielfältige Gefahren fürs Herz: Alle Risiken im Blick haben

Leider gibt es nicht nur ein Risiko für Herz-Kreislauf-Erkrankungen. Ob Übergewicht oder Diabetes – bevor das Herz erkrankt, sind Organe und Gefäße meist schon sehr lange geschädigt. Denn Risikofaktoren addieren sich nicht nur, sondern multiplizieren sich, wie Ernährungs-Doc Matthias Riedl erklärt.

Was ist der größte Risikofaktor fürs Herz?

Das lässt sich so nicht sagen. Alle sogenannten kardiovaskulären Risikofaktoren gefährden die Gesundheit. Das Wort kommt vom griechischen „kardio" für Herz und vom lateinischen „vas" für Gefäße und umfasst alles, was das Herz- und Gefäßsystem betrifft. Das reicht vom Übergewicht, das gleich auch Bluthochdruck und Fettstoffwechselstörungen im Schlepptau hat, bis zur Zuckerkrankheit.

Wie gefährlich sind die Folgen?

Herz-Kreislauf-Erkrankungen sind seit Jahrzehnten die Todesursache Nummer eins in den westlichen Industrieländern. Weltweit sterben jedes Jahr gut 18 Millionen Menschen an Schlaganfall, Herzinfarkt oder -insuffizienz. Alle basieren auf den gleichen Risikofaktoren, die nur selten allein auftreten. Wer stark übergewichtig ist, weil er sich schlecht ernährt, kann Diabetes bekommen. Außerdem überfordert Übergewicht das Herz chronisch. Der Blutdruck steigt parallel. Die Arterien verstopfen, das Herz wird immer schlechter versorgt. Ein Risikofaktor wartet leider nicht, bis sein Vorgänger geheilt ist, um dann erst aufzutreten. Er kommt hinzu. Deshalb addiert sich das Risiko nicht nur, sondern multipliziert sich. Gleichzeitig wird man älter – und das macht die Sache keineswegs besser.

Was schadet dem Herz?

Die Ursachen sind in der Regel immer die gleichen: allen voran Übergewicht, ungesundes Essen, Bewegungsmangel, psychosozialer Stress, Einsamkeit, Depressionen, Alkohol und Rauchen. Das sind fast alles Faktoren, auf die jeder Einfluss hat. Also gilt auch der Umkehrschluss: So vielfältig wie die Risiken, an Herz-Kreislauf-Beschwerden zu erkranken, sind auch die Möglichkeiten, selbst etwas für die Herzgesundheit zu tun. In erster Linie funktioniert das über die Ernährung, denn damit lassen sich die wichtigsten Risikofaktoren ausschalten.

Viele Menschen wissen das, schaffen es aber trotzdem nicht?

Meist sind weniger Umstellungen nötig als befürchtet. Mitunter genügen sehr kleine Veränderungen im Alltag, um Übergewicht und Herz-Kreislauf-Erkrankungen vorzubeugen. Vor allem mehr Gemüse zu essen, fällt vielen schwer. Das ist aber eine Frage der Gewohnheit. Es gibt einige Tricks und bewährte Maßnahmen, die eine Ernährungsumstellung leichter machen.

Zum Beispiel?

Die meisten unserer Patienten essen gerne Nudeln. Die kann man heute sehr gut durch Linsen- oder Erbsenpasta ersetzen, da das Angebot immer größer wird. Auch Gemüsespaghetti aus Zucchini oder Möhren sind eine gesunde Alternative. Wer auf Snacks zwischendurch verzichtet oder sich sogar an das 16:8-Intervallfasten (siehe Seite 52) gewöhnt, wird überschüssige Pfunde los und beugt Diabetes vor. Zum Einstieg in diese Fastenmethode können Sie nach und nach einfach mal die nächtliche Esspause zwischen Abendessen und Frühstück verlängern. Gegen Heißhunger oder das Gefühl, nicht satt zu werden, hilft eine Handvoll Rohkost oder gesunde Nüsse.

Sind Nahrungsergänzungsmittel sinnvoll?

Ich warne vor einer blinden und unkontrollierten Einnahme. Nahrungsergänzungsmittel sollte man nur nach einer Beratung bei einem Ernährungsmediziner nehmen (Adressen unter bdem.de). Vorher müssen die Blutwerte bestimmt werden. Bei einer Überdosierung von Vitamin D kann es zum Beispiel zu gefährlichen Gefäßverkalkungen oder Nierenversagen kommen. Alter, bestimmte Erkrankungen, Darmoperationen oder Fehlernährung, wie sie bei betagten Menschen manchmal vorkommt, können zu einem Mangel an Nährstoffen führen. Das sollte ein erfahrener Arzt herausfinden. Am häufigsten werden in Europa Vitamin-D-Mangel (besonders im Norden), Folsäuremangel durch zu wenig Gemüse, Jodmangel durch zu viele Fertigprodukte und zu wenig Fischkonsum oder ein Mangel an Omega-3-Fettsäuren diagnostiziert. Wichtig: erst beraten lassen, dann die Einnahme von Nahrungsergänzungsmitteln planen.

Gibt es auch Risikofaktoren, die nicht beeinflussbar sind?

In gewisser Weise schon. Auf das Alter, das Geschlecht und auf die Gene haben wir keinen Einfluss. Das Risiko ist bei Männern in bestimmten Lebensphasen höher als bei Frauen. Wer über 55 ist, erleidet eher Herzerkrankungen als ein 30-Jähriger. Arterienverkalkung ist aber keine unabänderliche Alterskrankheit. Studien mit Naturvölkern haben gezeigt, dass man mit 70 noch Gefäße wie mit 40 oder sogar 30 haben kann. Das genetische Risiko ist erhöht, wenn enge Verwandte, also Eltern, Geschwister und Kinder, schon unter 55 Jahren einen Herzinfarkt erlitten haben. Das heißt aber nicht, dass man dagegen nichts tun kann. Ungünstige genetische Voraussetzungen erhöhen das Risiko nur bei Menschen, die sich schlecht ernähren, stark übergewichtig sind, rauchen, viel Alkohol trinken und sich wenig bewegen.

Wie wirkt Ausdauertraining?

Derzeit geht man davon aus, dass die Effekte von moderatem Ausdauersport linear positiv sind: also je mehr, desto besser. Das heißt, dass man die Intensität, zum Beispiel nach einem vorsichtigen Einstieg in ein Bewegungsprogramm, langsam steigern sollte, um die Wirkung zu erhöhen. Kardiovaskuläres Training sollte den Körper gleichmäßig über einen längeren Zeitraum belasten, ohne ihn zu überlasten. Dabei ist es wichtig, dass Ausdauersport individuell ausgesucht wird. Bei stark Übergewichtigen besteht die Gefahr, dass sie die Gelenke überlasten, wenn sie einfach loslaufen. Da ist Radfahren oder Schwimmen besser.

Was bedeutet Bewegung fürs Herz?

Bewegung hat für das Herz gleich mehrere positive Effekte: Durch regelmäßiges Training wird die Herzmuskulatur gekräftigt. Die Leistungsfähigkeit steigt. In kritischen gesundheitlichen Situationen ist eine solche Reserve enorm wichtig. Liegt bei einem Patienten bereits eine Arterienverkalkung vor, werden gleichzeitig kleinste Mikrogefäße eröffnet und zu einem natürlichen Bypass ausgebaut. Im Ernstfall können diese einen echten Ersatz für das verkalkte Gefäß bilden. Der Abbau von Stress und Blutdrucktraining sind weitere Effekte – ein Trainierter hat durch seinen Ausdauersport einen geringeren Blutdruck.

ERNÄHRUNG FÜR EIN STARKES HERZ

Kaum etwas ist für unsere Gesundheit so wichtig wie unsere Ernährung. Damit das Herz gar nicht erst krank wird, sollte man so früh wie möglich vorbeugen. Was kann jeder in der Küche und am Esstisch für dieses wunderbare Organ tun? Was sind die Top-Lebensmittel für ein starkes Herz? Und wie gelingt die Ernährungsumstellung?

Gewusst, wie: Essen, was das Herz begehrt

Eine ausgewogene Kost mit viel Gemüse, wenig Fleisch, wenig Zucker, Vollkorn statt Weißmehl und gesunden Fetten für die Gefäße – eine solche Ernährung hält das Herz lange fit. Lesen Sie hier, worauf Sie in der Küche und am Tisch achten sollten.

Alles, was wir zu uns nehmen, hat einen direkten oder indirekten Einfluss auf unser Herz-Kreislauf-System und damit auf unser Wohlergehen. Eine herzgesunde Ernährung setzt sich aus verschiedenen Bestandteilen zusammen. Zum einen soll sie Risikofaktoren wie Bluthochdruck, einen erhöhten Cholesterinspiegel und zu hohe Blutzuckerwerte reduzieren. Das hat Folgen für die Gefäße, die den ganzen Körper mit Sauerstoff und Nahrung versorgen müssen. Je elastischer und je weniger verstopft beziehungsweise verkalkt sie sind, desto besser für den gesamten Organismus. Zum anderen profitiert auch das Blut von herzgesunder Ernährung: Sie verbessert seine Fließeigenschaften.

Antientzündliche Ernährung

Eine weitere wichtige Säule: natürliche Lebensmittel, die entzündungshemmend wirken. Sie unterstützen das Herz-Kreislauf-System und beugen damit Herzerkrankungen vor. Für eine antientzündliche Kost gelten die gleichen Regeln wie bei herzgesundem Essen. Kritisch ist vor allem, wenn man zu viel, zu fett und zu süß isst. Es empfiehlt sich, auf tierische Lebensmittel (vor allem rotes Fleisch und Wurst) weitgehend zu verzichten und den Anteil an entzündungshemmenden und antioxidativen Vitaminen, Mineralstoffen und sekundären Pflanzenstoffen zu erhöhen. Wer sich antientzündlich ernähren will, sollte vor allem Zucker und andere schnell verdauliche Kohlenhydrate meiden. Denn dauerhaft hohe Blutzucker- beziehungsweise Insulinspiegel befeuern Entzündungsprozesse und lassen uns schneller zunehmen.

Viel Gemüse und Salate

Ob roh oder gegart: Geht es um eine herzgesunde Ernährung, sind buntes Gemüse aus der Region und Salate unschlagbar. Vor allem Kohl in seinen verschiedenen Varianten (Brokkoli, Rot- und Weißkohl, Blumenkohl) sollte dem Herz zuliebe möglichst oft auf dem Teller landen. Mit ihrem hohen Gehalt an Vitaminen, Mineralstoffen, Ballaststoffen und sekundären Pflanzenstoffen liefern Wurzel- und Knollengemüse (zum Beispiel Möhren, Sellerie, Pastinaken oder Kartoffeln) und Salate fast alles, was das Herz begehrt. Drei bis vier Portionen täglich sollten es sein. Gemüse und frische Kräuter oder Wildkräuter wirken antientzündlich auf die Gefäße und im ganzen Körper. Das Gute: Wer viel davon isst, bleibt schlank beziehungsweise nimmt leichter ab. Dabei gilt: je vielfältiger und bunter, desto

Die Ernährungs-Docs

Die mediterrane Kost ist und bleibt die Ernährungsweise, mit der sich am besten gegen Herz-Kreislauf-Erkrankungen vorbeugen lässt. Das geht aus einer Neuveröffentlichung der wichtigsten Untersuchungen zu diesem Thema, der sogenannten PREDIMED-Studie, hervor, die ein Forscherteam aus Spanien veröffentlicht hat. Das Risiko für Herzkrankheiten ist demnach mit einer olivenölreichen Ernährung um 31 Prozent und mit 30 Gramm Nüssen täglich um 28 Prozent niedriger als mit einem rein fettarmen Speiseplan.

besser. Essen Sie möglichst abwechslungsreich. Probieren Sie immer mal wieder eine neue Sorte, um von der ganzen Palette der regionalen Angebote – und somit dem vielfältigen Mix der gesunden Inhaltsstoffe – zu profitieren.

Zuckerarmes Obst bevorzugen

Auch Obst gehört auf jeden herzgesunden Speiseplan. Weil sie Fruchtzucker (Fruktose) enthalten, sollte man süße Früchte aber nicht im Übermaß genießen. Ein bis zwei Portionen mit zuckerarmen Sorten wie etwa säuerlichen Äpfeln, Aprikosen, Beeren in allen Varianten, Clementinen oder Sauerkirschen sind ideal. Zurückhalten sollten Sie sich bei Obst, das sehr viel Fruchtzucker enthält. Dazu gehören Ananas, Feigen, Bananen, Birnen oder Mango. Zur Orientierung: Eine Portion entspricht etwa einer Handvoll.

Getreide: Ballaststoffe satt

Ob Roggen oder Hafer, ob im Brot oder im Müsli: Getreide gehört ebenfalls zu den Grundpfeilern einer herzgesunden Ernährung. Im Zentrum stehen dabei die enthaltenen Ballaststoffe: Sie liefern zwar wenig Nährstoffe und Energie, wirken jedoch günstig auf die Blutfett- und Blutzuckerwerte und schützen damit das Herz. Außerdem unterstützen Ballaststoffe das Abnehmen, denn mit ihren Faserstoffen bringen sie den Darm in Schwung. Weil diese im Verdauungstrakt aufquellen, hat das noch einen angenehmen Nebeneffekt: Wir bleiben länger satt. Top-Ballaststofflieferanten sind neben Getreide auch Gemüse, Obst und vor allem Hülsenfrüchte (Erbsen, Bohnen, Linsen), Nüsse und kernige Haferflocken. Insbesondere volles Korn punktet als Sattmacher und Ballaststoffquelle. Deshalb sollten Sie bei Brot, Nudeln, Reis oder Mehl zum Backen Getreidevollkorn- anstatt Weißmehlprodukte wählen. Denn die enthalten neben Ballaststoffen auch hochwertiges Eiweiß, Vitamine und Mineralstoffe und binden Cholesterin im Körper.

So schmeckt's: Genießen Sie die bunte Vielfalt von natürlichen und unverarbeiteten Lebensmitteln.

Pro- und Präbiotika

Die sogenannten Pro- und Präbiotika stärken über den Darm das Immunsystem – davon profitiert auch unser Herz. Probiotika stecken in Sauermilchprodukten, wie zum Beispiel Naturjoghurt und Kefir. Auch Sauerkraut, Kimchi (fermentiertes Gemüse aus der koreanischen Küche) und die japanische Sojabohnenpaste Miso enthalten Probiotika. Chicorée, Zwiebeln, Knoblauch, Hafer, Hirse und Hülsenfrüchte fördern mit ihren Präbiotika ebenfalls die Darmgesundheit.

Zuckerkonsum reduzieren

Auch wenn die meisten wissen, dass Zucker alles andere als gesund ist, sind wir vor der Lust auf süße Leckereien nicht gefeit. Das übermäßige Bedürfnis danach lässt sich zum Glück einigermaßen in Bahnen lenken, wenn man sich regelmäßig mit ausgewogenen Mahlzeiten satt isst und nur selten nascht – am besten als Nachtisch und nicht als Snack zwischendurch. Außerdem reduzieren Sie Ihren Zuckerkonsum von ganz allein, wenn Sie auf nicht schnell verdauliche

Kohlenhydrate aus Hülsenfrüchten und Vollkorn setzen und weitgehend auf verarbeitete Lebensmittel verzichten. Denn die enthalten häufig versteckten Zucker, auch wenn sie herzhaft schmecken. Ob Softdrinks, Fruchtsäfte, Ketchup, Tiefkühlpizza, Fruchtjoghurt oder Krautsalat: Fast alle stark verarbeiteten Produkte sind in der Regel gezuckert. Das ist allerdings nicht so leicht zu erkennen, denn die Hersteller süßen mit verschiedenen Zuckerarten. So müssen sie Zucker als Hauptzutat nicht ganz oben auf die Zutatenliste schreiben und können die wahren Mengen verschleiern.

Algen statt Fisch

Fische gehören wegen ihrer hochwertigen Omega-3-Fettsäuren zu den Top-Empfehlungen für eine herzgesunde Ernährung. Vor allem fettreiche Kaltwasserfische wie Hering, Makrele oder Lachs enthalten diese wertvollen Fettsäuren. Leider sind die Meere vielerorts überfischt, die natürlichen Bestände schrumpfen zunehmend und die Qualität des Fischfleischs ist durch Schadstoffe beeinträchtigt. Da Fische ihre Omega-3-Fettsäuren letztendlich aus Algen beziehen, kann man auch direkt an die Quelle gehen: Algen oder Präparate daraus (wie mit Omega-3-Fettsäuren aus Algen angereichertes Pflanzenöl) sind gute Alternativen. Vorsicht ist bei getrockneten Algenprodukten mit teilweise sehr hohem Jodgehalt geboten – bei Schilddrüsenerkrankungen mit dem Arzt Rücksprache halten.

Die Ernährungs-Docs

Nierenkranke müssen vorsichtig mit Phosphaten sein. In ihrer natürlichen Form sind sie in vielen eiweißreichen Lebensmitteln enthalten (z. B. in Eigelb, Milchprodukten, Pilzen, Hülsenfrüchten) und als Energieträger sowie Player im Stoffwechsel durchaus nützlich. Wenn Phosphate aber als Zusatzstoffe eingesetzt werden, um Lebensmittel wie Wurst oder Schmelzkäse zu konservieren, zu säuern, zu färben oder zu stabilisieren, sind sie vor allem für Nierenkranke gefährlich. Denn Phosphat verbindet sich mit Kalzium und verändert die Innenwände der Gefäße, sodass das Risiko für Herz-Kreislauf-Erkrankungen steigt. Schon ein Glas Cola und ein Cheeseburger enthalten zu viel Phosphat. Der sicherste Weg, sich vor unerwünschten Phosphaten zu schützen, ist deshalb der Verzicht auf verarbeitete Nahrungsmittel. Auf der Verpackung von Fertigprodukten verbergen sich Phosphate oft hinter E-Nummern.

Doppelte Vorsicht bei Fleisch

Auch bei der Bewertung von Fleisch ist die Fettfrage entscheidend. Verarbeitete Fleisch- und Wurstprodukte (zum Beispiel Schinken oder Salami) erhöhen das Risiko für Herz-Kreislauf-Erkrankungen. Mit dem Begriff „verarbeitet“ sind Fleischwaren gemeint, die durch Räuchern, Pökeln, Trocknen oder mit chemischen Zusatzstoffen haltbar gemacht werden. Denn tierisches Fett enthält zum einen die entzündungsfördernde Arachidonsäure. Wer mehr als etwa 50 Gramm verarbeitetes Fleisch pro Tag isst, hat einer Studie der Harvard-Universität zufolge ein um 42 Prozent erhöhtes Risiko für Herzkrankheiten. Auch rotes Fleisch von Rind, Schwein oder Lamm steht im Verdacht, dem Herz-Kreislauf-System zu schaden.

Rotes Fleisch und Fleischwaren liefern zum anderen Eisen in einer leicht verfügbaren Form, als sogenanntes Hämeisen. Bei hohem Fleischkonsum besteht die Gefahr einer Überdosierung, also von zu viel Eisen im Körper. Und erhöhte Werte des Spurenelements („Hämeisen-Überladung“) gelten nicht nur als Risikofaktor für Arteriosklerose und Herzinfarkt, sondern auch für Darmkrebs.

Wer nicht auf Fleisch verzichten will, sollte wenig (einmal pro Woche), aber dafür hochwertiges Bio-Fleisch essen. Besonders geeignet sind fettarmes Fleisch und das von Tieren aus Weidehaltung oder Wildbret. Wenn Tiere sich nämlich artgerecht überwiegend von Gras, Heu und Wildkräutern ernähren, enthält sowohl ihr Fleisch als auch ihre Milch mehr Omega-3-Fettsäuren.

Mehr Eiweiß aus pflanzlichen Quellen

Da wir tierische Eiweißquellen nur in Maßen essen sollten, ist es wichtig, vor allem Pflanzenprotein („grünes Eiweiß") regelmäßig auf den Teller zu bringen. Optimal ist es, möglichst verschiedene pflanzliche Eiweißquellen zu nutzen: Haferflocken zum Frühstück, eine Bohnensuppe zu Mittag und abends Gemüsecurry. Bei den Milchprodukten sind die fettarmen Varianten günstiger als fettreiche, denn sie enthalten weniger gesättigte Fettsäuren, die die Gefäße schädigen könnten. Gesunden Menschen werden 1 bis 1,2 Gramm Eiweiß pro Kilo Normalgewicht über die Hauptmahlzeiten verteilt empfohlen. Wer an einer chronischen Niereninsuffizienz leidet, sollte die Proteinzufuhr in Absprache mit dem Arzt je nach Stadium senken. Studien haben gezeigt, dass eine eiweißarme Ernährung das Fortschreiten der Krankheit verzögern kann. Das Ziel wäre 0,8 Gramm - nicht weniger, da sonst der Abbau von Muskelprotein droht. Einer Untersuchung des Deutschen Instituts für Ernährungsforschung zufolge erhöht der Genuss von rotem Fleisch (vor allem von Wurst) das Sterberisiko bei Herz-Kreislauf-Erkrankungen, während pflanzliches Eiweiß es senkt. Das gilt besonders für Menschen, die mindestens einen Risikofaktor für Herzerkrankungen haben - etwa Bluthochdruck oder Diabetes.

Auf Mikronährstoffe achten

Für die Herzfunktion sind vor allem die sogenannten Mikronährstoffe wichtig. Das sind Vitamine, Spurenelemente und Mineralstoffe, die der Körper vorwiegend nicht selbst herstellen kann und die wir über die Nahrung aufnehmen müssen. Sie sind für viele Funktionen zuständig, auch für die Herzgesundheit:

Entwässernde Lebensmittel

Herzerkrankungen können zu Wassereinlagerungen (Ödemen) führen. Dagegen helfen von Natur aus entwässernde Tees und Lebensmittel - sie entlasten den Organismus auf natürliche Art, die Einnahme sollte jedoch immer mit dem Arzt abgesprochen sein. Auch Menschen mit Niereninsuffizienz sollten vorsichtig sein.
Mit den folgenden Getränken und Lebensmitteln können Sie die Entwässerung fördern:
Tees: Brennnessel, Ingwer, Löwenzahn, Zitronenmelisse
Kräuter: Basilikum, Salbei, Petersilie
Gemüse: Fenchel, Gurken, Kopfsalat, Kürbis, Möhren, Sauerkraut, Sellerie, Spargel, Tomaten, Zucchini
Obst: Beerenfrüchte, Wassermelone, Zitrone; nur in Maßen, weil zuckerreich: Ananas, Birne, Rhabarber

+ Kalium und Magnesium

Beide Mineralstoffe stabilisieren die Herzzellen, dazu senkt Kalium den Blutdruck. Bei Herzkranken, die zu wenig davon im Blut haben, kann es im Extremfall zu Herzrhythmusstörungen kommen. Nur wenn sich der Bedarf nicht über die Ernährung decken lässt, können Nahrungsergänzungsmittel sinnvoll sein. Gemüse, Hülsenfrüchte und Trockenobst sind gute Lieferanten für Kalium und Magnesium, vor allem Reis enthält viel Kalium. Wer an einer Herzerkrankung leidet, sollte seine Kalium- und Magnesiumspiegel kontrollieren lassen, denn manche Erkrankungen und bestimmte Medikamente (z. B. Diuretika wie Torasemid und Hydrochlorothiazid) beeinflussen möglicherweise deren Konzentration (siehe Seite 27). Bei der Einnahme sogenannter Antikoagulantien (z. B. Marcumar) sollte man kaliumreiche Lebensmittel meiden.

+ B-Vitamine

Die B-Vitamine sind wichtig für die Blutbildung und aktivieren den Stoffwechsel. Vitamin B_{12} (Cobalamin) wirkt bei Stoffwechselvorgängen, die mit der Zellteilung und dem Zellwachstum zu tun haben. Es kommt vor allem in Käse, Eiern, Fleisch und Milch vor. Veganer können Vitamin B_{12} über fermentierte Soja- oder bestimmte Algenprodukte aufnehmen. Vitamin B_3 (Niacin) wirkt gefäßerweiternd und kann gegen hohe Cholesterinwerte und Arteriosklerose helfen. Vollkornbrot, Kaffee, Leber und Seefisch enthalten Niacin. Folsäure (Vitamin B_9) senkt die Konzentration des schädlichen Homocysteins im Blut. Homocystein ist ein Zwischenprodukt im Eiweißstoffwechsel, das Herz und Gefäße angreift.

+ Coenzym Q_{10}

Es gilt als Anti-Aging-Mittel, kann aber offenbar noch mehr. Studien haben gezeigt, dass Menschen mit Herz-Kreislauf-Erkrankungen von Coenzym Q_{10} profitieren. Das liegt unter anderem daran, dass die Verbindung in jeder Zelle Energie freisetzt und damit im ganzen Organismus wirkt. Das Coenzym schützt auch vor Oxidation des LDL-Cholesterins. Fisch, Fleisch, Eier und Milchprodukte liefern Coenzym Q_{10}, allerdings nur in geringen Mengen.

Apfel-Reis-Tag zur Entlastung

Um den Körper zu entlasten, Gewicht zu verlieren oder Ernährungsgewohnheiten umzustellen, sind einzelne Reiskurtage gut geeignet. Denn Reis enthält reichlich Kalium, einen Mineralstoff, der das Entwässern fördert (siehe Seite 41).

So geht's: Garen Sie am Vorabend 50 Gramm Naturreis nach Packungsanweisung bissfest, das ergibt 150 Gramm gegarten Reis. Den teilen Sie in drei Portionen zu je 50 Gramm, die Sie entweder mit jeweils 1 geriebenen Apfel essen oder zum Beispiel morgens mit 1 Tasse warmer Milch mischen oder mittags in 1 Tasse Gemüsebrühe erwärmen.

Würzen statt salzen

Beim Salzkonsum schneiden wir nicht gut ab. Über 70 Prozent der Deutschen essen zu viel Salz (8 bis 10 Gramm täglich), während die Weltgesundheitsorganisation WHO lediglich 5 Gramm empfiehlt. Damit ist nicht nur das Salz gemeint, das wir übers Essen streuen. Den größten Anteil machen verarbeitete Nahrungsmittel aus, die viel Salz enthalten, ohne dass wir es ahnen. Mit Grundnahrungsmitteln wie Brot, Milchprodukten, Fleisch- und Wurstwaren nehmen wir bereits ein Viertel der täglich empfohlenen Salzmenge auf. Über Fertigessen kommt mehr als die Hälfte zusammen. Es reicht also nicht, den Salzstreuer stehen zu lassen. Effektiver ist es, selbst frisch zu kochen. Salz zu reduzieren, lindert nicht nur den Blutdruck und Ödeme, sondern senkt möglicherweise auch das Risiko für Magenkrebs. Gesunde Alternativen sind Kräuter und Gewürze. Allerdings muss niemand komplett auf Salz verzichten; es ist nur im Übermaß gesundheitsschädlich. Eine komplett salzfreie Ernährung kann sogar gefährlich sein, empfehlenswert ist eine salzarme Kost.

Richtig trinken

Trinken Sie vor allem Wasser, also Mineral- oder Leitungswasser, oder ungesüßten Früchte- oder Kräutertee. Faustregel: Sie brauchen pro Kilogramm Körpergewicht 30 Milliliter Flüssigkeit über den Tag verteilt, bei Hitze und beim Sport dürfen es auch mehr sein. Kaffee (ohne Milch und ohne Zucker) ist mit Rücksicht auf das Herz in Maßen erlaubt (siehe Seite 29). Alkohol sollte weitgehend tabu bleiben oder nur im Ausnahmefall in kleinen Mengen genossen werden.

Lebensmittelauswahl für eine herzgesunde Küche

	Empfehlenswert	Nicht empfehlenswert
Brot, Backwaren, Beilagen (max. 2 Handvoll/Tag)	**in Maßen:** Vollkornbrot/-brötchen, v. a. aus Gerste, Dinkel, Roggen oder Hafer; Pseudogetreide wie Buchweizen, Amarant, Quinoa; Haferflocken, Müsli ohne Zucker; Vollkornnudeln, Naturreis, Pellkartoffeln	Weißbrot, Toastbrot, Zwieback, Weizen- und Milchbrötchen, Croissant; Hartweizennudeln; geschälter Reis, Pommes, Kroketten, Kartoffelbrei/-puffer, Pfannkuchen; Fertiggerichte, Fast Food
Snacks (max. 1 kleine Handvoll/Tag)	**falls überhaupt:** Trockenfrüchte, 1 Stück Zartbitterschokolade mit mind. 70 % Kakaoanteil); Nüsse (siehe unten)	süße Backwaren, Süßigkeiten, gesüßte Milchprodukte (siehe unten); Salzgebäck, Chips, Flips
Obst (2 Portionen/Tag)	**zuckerarmes Obst** wie Beeren, Clementinen, Grapefruit, Kiwi, Nektarine, Papaya, Orangen; **selten, da zuckerreich:** Ananas, Banane, Birne, Kaki, Honigmelone, Kirsche, Mango, Weintrauben	gezuckerte Obstkonserven und Obstmus, kandierte Früchte
Gemüse (3 Portionen/Tag)	fast alle Gemüsesorten, v. a. Spinat; Hülsenfrüchte (Erbsen, Linsen); alle Pilzarten	Mais, Süßkartoffeln, Gemüsekonserven (zu salzreich)
Nüsse und Samen (ca. 40 g/Tag)	Mandeln, Walnüsse, Haselnüsse, Cashewnüsse, Macadamianüsse, Leinsamen, Chiasamen; Pinienkerne, Kürbiskerne und Sonnenblumenkerne	Erdnüsse und gesalzene Nüsse
Fette und Öle (2–3 EL/Tag)	Olivenöl, Rapsöl, Walnuss- und Leinöl*; **in Maßen:** Butter	Schweine- und Gänseschmalz, Butterschmalz; Palmfett, Sonnenblumenöl, Distelöl
Getränke (ca. 2 l/Tag)	Wasser, ungezuckerter Kräuter- und grüner Tee; **4–5 Tassen/Tag:** Kaffee, schwarzer Tee	Fruchtsaft, Softdrinks, Kakao, Alkohol; Mineralwasser mit Natriumgehalt über 20 mg/l
Fisch und Meeresfrüchte (2–3 Portionen/Woche)	Aal, Forelle, Heilbutt, Hering, Kabeljau, Karpfen, Lachs, Makrele, Sardine/Sardellen, Scholle, Seezunge, Steinbutt, Thunfisch; **in Maßen (nicht bei erhöhten Cholesterinwerten):** Schalentiere (Flusskrebs, Garnelen, Hummer, Krabben, Shrimps)	Fisch in Mayonnaise oder Sahne eingelegt Große Fische sind stärker mit Schwermetall belastet als kleine Schwarmfische, daher hiervon insgesamt max. 500 g/Monat verzehren.
Fleisch und Wurst (max. 3 Portionen/Woche)	magere Varianten wie Corned Beef, Putenbrust, Hühnerfleisch, Putenfleisch, Rinderfilet	generell Schweinefleisch in Wurst und Fleisch, paniertes Fleisch, fettreiche Wurst und Fleischwaren (Salami, Mortadella, Fleisch-/Bock-/Bratwurst, Fleisch-/Leberkäse etc.)
Eier, Milch und Milchprodukte, Käse	Eier (3–4/Woche); Milch (1,5 % Fett), reine Buttermilch, Speisequark (bis 20 % Fett), Naturjoghurt (1,5 % Fett); Käse (bis 45 % Fett i. Tr.): Schnittkäse, Weichkäse, Feta, Mozzarella; **besonders mager:** Harzer Käse, körniger Frischkäse (Hüttenkäse)	Mayonnaise; Sahne, Schmand und Crème fraîche; Pudding, Milchreis, Fruchtjoghurt, Fruchtquark, Kakaozubereitungen, Fruchtbuttermilch

* Herstellung unter Ausschluss von Sauerstoff, Hitze und Licht (Oxyguard-/Omega-Safe-Verfahren). Optimal wirken Leinöl und Weizenkeimöl kombiniert.
Empfehlungen erarbeitet in Kooperation mit dem Ernährungstherapie-Team vom medicum Hamburg.

Eine Frage der Auswahl: Das richtige Fett

Keine Frage: Unser Körper braucht Fett. Um das Beste fürs Herz-Kreislauf-System auf den Teller zu bringen, muss man sich mit dem Thema Fettsäuren beschäftigen und dabei die guten Fette finden und die schlechten meiden.

Heute gilt in der Ernährungsmedizin: Keine Angst vor Fett – es muss nur das richtige sein! Unsere Körperzellen brauchen Fett als Schutz, einige Organe wie Herz, Leber oder Nieren sind damit gepolstert. Fett liefert Energie, ist Geschmacksträger, Grundbaustein für Hormone, Wärmeschutz und Helfer bei der Vitaminaufnahme. Denn unser Körper kann die fettlöslichen Vitamine A, D, E und K nur mit Fett (zum Beispiel Öl oder Butter) optimal aufnehmen.

Regelmäßig Omega-3-Fettsäuren

Der Schwerpunkt sollte bei den Omega-3-Fettsäuren liegen. Sie zählen zu den mehrfach ungesättigten Fettsäuren, von denen drei besonders wichtig sind: Zum einen die pflanzliche Alpha-Linolensäure (ALA), die unser Körper nicht selbst herstellen kann, sondern über die Nahrung aufnehmen muss. Diese essenzielle Fettsäure steckt reichlich in Leinsamen und Leinöl, Walnüssen und Walnussöl, Hanf- und Rapsöl. Für den Stoffwechsel sind auch die beiden Omega-3-Fettsäuren Eicosapentaensäure (EPA) und Docosahexaensäure (DHA) unentbehrlich. Sie sind vor allem in fetten Kaltwasser-Meeresfischen wie Lachs, Hering, Makrele und Sardinen, aber auch in Algen enthalten. Wichtig ist, dass man „gute" Omega-3-Fettsäuren (zum Beispiel aus Leinöl, Algenöl oder fetten Fischsorten) täglich zu sich nimmt.

Nüsse liefern gute Fettsäuren

Sie schmecken nicht nur, sondern sind auch sehr gesund: Ob Mandeln, Wal-, Cashew-, Hasel- oder Macadamianüsse, Pinien- oder Kürbiskerne – Nüsse gelten laut PREDIMED-Studie (siehe Seite 38) als Schutz vor Diabetes, überhöhtem Cholesterinspiegel, Herzinfarkt und Schlaganfall. Vor allem die darin enthaltenen Omega-3-Fettsäuren und ihr Pflanzeneiweiß machen die kleinen Kraftpakete so wertvoll. Da sie reichlich Kalorien enthalten, sollte man nur eine Handvoll (etwa 30 Gramm) täglich davon essen.

Zucker und Fettstoffwechsel

Nicht zuletzt spielt auch Zucker beim Fettstoffwechsel eine Rolle. Der Körper verwandelt überschüssige Kohlenhydrate in sogenannte Triglyceride, die zu den Nahrungsfetten gehören, aber weniger bekannt sind als Cholesterin. Ein dauerhaft hoher Triglyceridwert gefährdet ebenfalls das Herz.

Freispruch für Cholesterin

Hochwertige Fette halten den Cholesterinspiegel niedrig und die Blutgefäße elastisch. Nur ein kleiner Teil des Cholesterins im Blut hängt von dem ab, was wir essen. Den viel größeren Part bildet der Körper selbst. Cholesterin wird in der Leber zu Gallensäure umgearbeitet und gelangt lediglich in geringen Mengen ins Blut. Erst wenn wir zu viel Cholesterin über die Nahrung aufnehmen, schwächelt die Leber und Cholesterin im Blut wird zum Risikofaktor fürs Herz.

Vorsicht vor Transfettsäuren

Die sogenannten Transfette stecken vor allem in Fertigprodukten und sind auf Zutatenlisten meist als „gehärtetes", „hydrogenisiertes" oder „pflanzliches Fett teilweise gehärtet" ausgewiesen. Sie werden industriell hergestellt und bestehen aus Transfettsäuren, die die Arterien verstopfen und die Entstehung von Herz- und Gefäßerkrankungen fördern. Kekse, Chips, Backwaren, Blätterteig, Panaden, Popcorn und Fertigmenüs enthalten besonders viel davon.

Fette und Omega-3-Fettsäuren im Überblick

Art des Fetts	Quelle	Vorkommen	Wirkung	Empfehlung
gesättigte Fette	tierisch, pflanzlich	in tiefgekühltem Gemüse mit Butter oder Sahne	Risikofaktor für Herz und Gefäße	meiden, wenn überhaupt Bio-Ware; sorgt für 50 % mehr Omega-3-Fettsäuren
gehärtete Fette	pflanzlich	in industriell verarbeiteten Lebensmitteln, Chips, Fertigbackwaren, Margarine	Risikofaktor für Herz und Gefäße: LDL-Cholesterin und Triglyceride steigen	reduzieren; auf Zutatenlisten achten
Transfettsäuren	pflanzlich	in Produkten mit gehärteten Fetten	Risikofaktor für Herz und Gefäße: erhöhen Gesamtcholesterin und Triglyceride	nicht gekennzeichnet; auf „gehärtete Fette" achten, Fast Food meiden
	tierisch	in tierischen Produkten von Wiederkäuern (Rind, Schaf, Ziege)		tierische Produkte generell reduzieren oder meiden
Omega-3-Fettsäuren EPA (Eicosapentaensäure) und DHA (Docosahexaensäure) (mehrfach ungesättigt)	tierisch, pflanzlich	langkettig in fetten Kaltwasser-Meeresfischen (wie Makrele, Hering, Lachs)	Senkung der Herzfrequenz, Erhöhung der Herzfrequenzvariabilität, Blutdrucksenkung, antithrombotisch, antientzündlich	reduzieren wegen Schwermetallbelastung und Überfischung; auf pflanzliche Alternativen aus Algen zurückgreifen
Omega-3-Fettsäure ALA (Alpha-Linolensäure) (mehrfach ungesättigt)	pflanzlich	kurzkettig in Leinsamen, Walnüssen, Soja, Weizenkeimen, grünem Blattgemüse, Ölen	gefäßerweiternd, Senkung der Triglyceride	reichlich verzehren, vor allem Leinöl oder Leinsamen
Omega-6-Fettsäuren (mehrfach ungesättigt)	pflanzlich	in Sonnenblumen-, Maiskeim- und Distelöl, Sesamöl und Nüsse	möglicherweise entzündungshemmend, immunstärkend	kein eindeutiger Nutzen oder Schaden für das Herz

Das beste Fett finden: Es kommt auf die Qualität an

Fett ist nicht grundsätzlich schlecht, sondern gutes Fett ist gesund für die Körperzellen und die Gefäße. Dabei kommt es aber auf die Qualität an. Welche Fette schaden dem Herz-Kreislauf-System und welche braucht es? Worauf sollte man bei der Auswahl unbedingt achten? Ernährungs-Doc Anne Fleck erklärt Wissenswertes über Fett.

Früher hieß es, dass jedes Fett dem Herz schadet. Stimmt das noch?

Die Zeiten sind zum Glück vorbei. Heute wissen wir, dass dies ein Irrtum war. Alles, was dem Fett per se mal nachgesagt wurde, also dass es die Ursache für Zivilisationskrankheiten wie Diabetes, Übergewicht oder Herzinfarkt sein könnte, hat sich als falsch erwiesen. Das Problem: Fett wurde grundsätzlich verteufelt, es wurde nicht differenziert. Fakt ist: Gutes Fett ist nicht nur gesund, es kann auch schlank machen und das Herz-Kreislauf-System stärken.

Welche Fettsäuren sind wichtig?

In Sachen Herz-Kreislauf-Prophylaxe sind vor allem die sogenannten mehrfach ungesättigten Fette entscheidend, wie sie zum Beispiel in nativem Olivenöl extra und vor allem auch in Omega-3-Fettsäuren anzutreffen sind. Wichtige Omega-3-Quellen sind zum Beispiel fette Fische. Auch Nüsse (Wal-, Pekan-, Macadamianüsse) und Samen (Lein-, Chia- und Hanfsamen) sind reich an ungesättigten Fetten und dürfen deshalb guten Gewissens auf den herzgesunden Speiseplan.

Was heißt das für Veganer oder Vegetarier?

Die Tücken liegen im Detail. Wer streng vegetarisch oder vegan lebt, darf sich zum Beispiel nicht nur auf Leinöl und Co. als Omega-3-Quelle verlassen, denn pflanzliche Quellen enthalten nur ALA (siehe Seite 45), aus der unser Körper nur in geringen Mengen EPA und DHA herstellen kann. Eine innovative und gesunde Alternative zum Fisch als natürliche Quelle für langkettige Omega-3-Fettsäuren sind sogenannte Algenöle, also Pflanzenöle wie Leinöl, denen DHA/EPA zugesetzt wird. Der Vorteil ist, dass Algenöle tendenziell weniger schadstoffbelastet sein können als Fischöle und biologisch nachzüchtbar sind, ohne das Problem der Überfischung zu verstärken.

Sind tierische Fett denn nicht schlecht?

Auch die pauschale Verteufelung von tierischen Fetten und gesättigten Fettsäuren ist überholt. In modernen Empfehlungen für Herz-Kreislauf-Patienten (wie in Kanada) sind sie bereits seit Jahren offiziell rehabilitiert. Gesättigte Fettsäuren wurden früher geschmäht, da sie das „Cholesterin erhöhen". Der genaue Blick mit der Lupe zeigt jedoch, dass der Anteil des Cholesterins erhöht wird, der NICHT schädlich auf das Herz wirkt – eine wichtige Differenzierung! Bei allen entzündungsbedingten Beschwerden und Krankheiten, zu denen die Herz-Kreislauf-Erkrankungen, aber auch Autoimmunkrankheiten wie Rheuma, Neurodermitis, Schuppenflechte, Multiple Sklerose oder chronischentzündliche Darmkrankheiten zählen, ist eine ausgewogene Fettsäurebilanz sinnvoll. Das heißt, man sollte den Anteil an Omega-3-Fettsäuren erhöhen. Die Fettsäurebilanz eines Lebensmittels ist auch abhängig von der Haltung eines Tieres: So hat ein Produkt (zum Beispiel Wurst) von Tieren aus Massenhaltung, die mit Getreide und Soja gefüttert werden, eine deutlich ungünstigere Fettsäurebilanz als von Artgenossen aus Weidehaltung oder von Wild.

Wie wirken Omega-3-Fette aufs Herz?

Sie sind elementarer Bestandteil der Zellmembranen und hemmen Entzündungen. Das ist auch aus meiner präventivmedizinischen Sicht wertvoll. Neben den Omega-3-Fettsäuren sind die mehrfach ungesättigten (MUFS) und teilweise essenziellen Omega-6-Fettsäuren ebenfalls wichtig für den Körper. Sie stecken in Sonnenblumen-, Distel-, Soja- oder Maiskeimöl und häufig in verarbeiteten Lebensmitteln. Linolsäure ist der Hauptvertreter. Durch den sehr hohen Konsum an Getreideprodukten nehmen wir in der Regel zu viel Omega-6-Fettsäuren auf und bringen so die gesunde Omega-Balance ins Ungleichgewicht.

Was bedeutet die Omega-Balance?

Dabei geht es um das gesunde Verhältnis von Omega-3- zu Omega-6-Fettsäuren – unser Körper braucht beide, aber im richtigen Verhältnis. Nehmen wir zu viel Omega 6 auf, kann das Entzündungen befeuern. Das Gleiche passiert bei zu wenig Omega 3. Um in der Balance zu bleiben, sollten wir mehr Omega-3- als Omega-6-Fettsäuren aufnehmen. Präventivmedizinisch empfiehlt sich in etwa ein Verhältnis von 3:1. Das geht am besten mit einem Wechsel bei den Pflanzenölen und einem kritischen Blick auf die tägliche Ernährung. Omega-3-reiche Öle wie Lein-, Walnuss-, Oliven- und Rapsöl können Omega-6-reiches Sonnenblumenöl und Co. ersetzen. Wichtig: Essen Sie auch möglichst wenig Getreide, Zucker und Süßes!

Muss man Angst vor Cholesterin haben?

Viele Menschen verzichten aus Angst vor einer Cholesterinerhöhung auf gesundes Fett. Das ist dramatisch, denn Cholesterin ist per se nicht böse, es ist der „Einbauschrank“ in der Zellmembran. Böse ist nur der Anteil des Cholesterins, der Arteriosklerose fördert, also atherogen ist. Auch sogenannte Low Density Lipoproteine (LDL) sind nötig, um im Blut Fett und Cholesterin zu den Zellen zu transportieren. Das LDL-Cholesterin schädigt nur die Gefäßwände, wenn es in oxidierter Form vorliegt (oxidiertes LDL). Diesen Anteil kann und sollte man sogar messen, um die tatsächlichen Risiken für das Herz seriös abzuschätzen.

Wie kommt es dazu?

Eine Oxidation entsteht, wenn freie Radikale in den Prozess eingreifen. Hier schließt sich der Kreis zum Lebensstil. Je schlechter sich jemand ernährt, je mehr Zucker, Süßstoffe, raffinierte Kohlenhydrate, ungesunde Fette und Öle oder Transfette er isst, je mehr er raucht oder je stärker er unter Stress steht, desto mehr freie Radikale befinden sich in den Gefäßen und machen das „gute“ LDL zur schädigenden Substanz.

Inwiefern hilft der Omega-3-Index?

Viele Menschen fragen sich: Wie steht es um meine Versorgung mit Omega-3-Fettsäuren? Darüber gibt der sogenannte Omega-3-Index Auskunft. Er kann vom Hausarzt bestimmt werden. Der Index misst den Anteil der langkettigen Fettsäuren (EPA und DHA) in den Zellwänden der roten Blutkörperchen. Ein Ergebnis über acht Prozent ist erstrebenswert. Liegt der Wert deutlich darunter, spricht das für eine suboptimale Omega-3-Versorgung und ein erhöhtes Risiko für entzündliche und Herz-Kreislauf-Erkrankungen. Private Krankenkassen übernehmen die Kosten für den Test in der Regel. Gesetzlich Versicherte müssen ihn mit etwa 70 Euro selbst zahlen – hier sollten die Menschen eigenverantwortlich ins Handeln kommen.

Fitmacher für die Gefäße

Sie stärken die Innenwände der Blutbahnen, wirken gegen Entzündungen und können damit Herz-Kreislauf-Erkrankungen und anderen Zivilisationskrankheiten vorbeugen. Hier stellen wir Ihnen die Top-Lebensmittel für ein starkes Herz vor.

Beeren

Beeren sind reich an Vitaminen, enthalten aber nicht viel Fruchtzucker. Ihre Farbstoffe machen sie zu Boostern fürs Immunsystem. Preisel-, Heidel- und Brombeeren enthalten wertvolle dunkle Farbstoffe (sogenannte Anthocyane aus der Gruppe der sekundären Pflanzenstoffe). Doch gleichgültig, ob rot oder blau: Beeren schützen die Blutgefäße vor Ablagerungen und können damit Arteriosklerose entgegenwirken.

Zartbitterschokolade

Damit wird sogar Naschen zum herzgesunden Genuss: Dunkle Schokolade mit einem Kakaoanteil von mehr als 70 Prozent enthält die sekundären Pflanzenstoffe der Flavonole, die wahrscheinlich für eine blutdrucksenkende und herzschützende Wirkung verantwortlich sind. In weißer und heller Vollmilchschokolade sind leider keine nennenswerten Mengen an gesunden Pflanzenstoffen enthalten.

Gewürze und Kräuter

Ob Ingwer, Kardamom, Kurkuma, schwarzer Pfeffer oder Zimt, Salbei, Brennnessel und vieles mehr – eine Reihe von gesunden Kräutern und Gewürzen wirkt gefäßerweiternd und entzündungshemmend. Streuen Sie sich diese kleinen Gesundmacher regelmäßig übers Essen und verzichten Sie dafür auf Salz. Einige Gewürze wie Zimt oder Kardamom lassen sich auch unter Heißgetränke mixen.

Fisch und Algenöl

Fetter Seefisch gehört eigentlich auf jede Empfehlungsliste für eine herzgesunde Ernährungsweise. Ob Lachs, Hering oder Makrele – die in ihnen enthaltenen hochwertigen Omega-3-Fettsären können effektiv das Herz-Kreislauf-System stärken. Leider wird es durch Überfischung und zunehmende Umweltverschmutzung mit Schwermetallen, Giften und Mikroplastik immer schwieriger, hochwertige Fettsäuren aus Fisch zu sich zu nehmen. Daher gelten Algenpräparate als gute Alternative (siehe Seite 40).

Grüner Tee

Zu Recht gilt grüner Tee als sehr gesund: Herz und Gefäße profitieren von den im Grüntee enthaltenen Katechinen, sekundären Pflanzenstoffen, die ganz besonders die dünne Innenschicht an den Wänden der Blutgefäße (Endothel) in ihrer Funktion unterstützen. Die Katechine wirken gefäßerweiternd und durchblutungsfördernd und helfen, Ablagerungen in den Gefäßen zu verhindern. Auch nach einem Herzinfarkt fördert grüner Tee Forschungen zufolge die Genesung.

Grünes Blattgemüse

Ob Kohlsorten, Spinat oder Mangold – grünes Gemüse und Salate haben sich als Top-Lieferanten für Vitamine, Mineral- und Bitterstoffe bewährt. Ein wichtiger Inhaltsstoff ist Vitamin K, das die Gefäße stärkt und dafür sorgt, dass diese ihre Funktionen besser erfüllen können. Wer viel grünes Blattgemüse isst, kann sein Risiko für Herz-Kreislauf-Erkrankungen deshalb erheblich mindern. Zudem liefert das Grünzeug reichlich blutdrucksenkendes Kalium.

Haferflocken

Hafer enthält gesunde Faserstoffe, die herzschützend wirken. Diese Ballaststoffe (Beta-Glukane) binden ungesundes LDL-Cholesterin im Blut. Auf diese Weise senken sie den Cholesterinspiegel und regulieren den Blutzucker. Außerdem liefern sie wertvolle Mineralstoffe wie Magnesium, Eisen und Zink. Ein weiterer Pluspunkt: Haferflocken halten lange satt und verhindern Heißhunger. Typ-2-Diabetiker und Patienten mit Bluthochdruck sollten sie möglichst täglich essen.

Hülsenfrüchte

Erbsen, Bohnen und Linsen sind effektive Lieferanten für hochwertiges pflanzliches Eiweiß. Das macht sie zu perfekten Helfern für eine gute Verdauung und einen stabilen Blutzuckerspiegel. Und sie wirken sich auch positiv auf den Blutdruck aus. Da Hülsenfrüchte gut sättigen, unterstützen sie bei Übergewicht das Abnehmen. Studien weisen darauf hin, dass auch Sojaprotein (etwa in Sojasahne oder Tofu) einen günstigen Einfluss auf den Blutdruck hat.

Lein-, Raps- und Olivenöl

Mit ihrem hohen Anteil an gesunden Omega-3-Fettsäuren wirken pflanzliche Öle wie eine natürliche Medizin fürs Herz. Sie halten die Gefäßwände elastisch, fördern die Durchblutung, verhindern die Entstehung von Plaques in den Blutbahnen und hemmen damit die Bildung von Blutgerinnseln. Davon profitiert das gesamte Herz-Kreislauf-System. Besonders empfehlenswert für ein starkes Herz sind kalt gepresstes Leinöl sowie natives Olivenöl extra.

Vollkornprodukte

Ob bei Brot oder Müsli – wer die Wahl zwischen Weißmehl- und Vollkornmehl hat, sollte so oft wie möglich zur Vollkornvariante greifen. Schon eineinhalb Vollkornbrötchen oder zwei Scheiben Vollkornbrot täglich senken das Risiko für eine koronare Herzkrankheit um etwa 20 Prozent. Denn die enthaltenen Ballaststoffe halten die Gefäße flexibel und senken das unerwünschte LDL-Cholesterin. Das gilt auch für Pseudogetreide wie Amarant, Buchweizen oder Quinoa.

Walnüsse

Wal- und andere Nüsse liefern viel Energie und gelten als echte Nervennahrung. In Maßen genossen, muss niemand Angst vor zu vielen Kalorien haben (siehe Seite 44), denn Walnüsse punkten gleichzeitig mit positiven Effekten für die Herzgesundheit und wirken blutverdünnend. Mehrfach ungesättigte Fettsäuren machen sie zu Balsam für Herz und Gefäße. Außerdem halten sie lange satt und schützen davor, zwischendurch zu Snacks zu greifen, die den Insulinspiegel unnötig in die Höhe treiben.

Zwiebeln und Knoblauch

Sie bringen nicht nur Geschmack ans Essen, sondern wirken auch wie Rohrputzer für die Gefäße. Beide pflanzlichen Superfoods sind wegen ihrer gesunden Schwefelverbindungen schon lange als Heilmittel bekannt. Zwiebeln und Knoblauch verdünnen das Blut, senken das schlechte LDL-Cholesterin, erhöhen das gute HDL und halten den Blutzucker in Balance. Tipp: Wer den unangenehmen Geruch vermeiden will, kann Knoblauch auch als Kapseln zu sich nehmen.

Schritt für Schritt besser essen

Wenn sich das Herz bemerkbar macht, ist das immer ein Warnzeichen. Dann gilt es häufig, von vertrauten schlechten Essgewohnheiten Abschied zu nehmen. Verzicht auf das, was man kennt und liebt, ist nicht einfach, aber machbar. In kleinen Schritten gelingt die Ernährungsumstellung am besten.

Sie müssen Ihre Ernährung nicht von einem Tag auf den anderen komplett umkrempeln. Das Ziel ist ein langfristig gesunder Lebensstil auf mehreren Ebenen – also in Sachen Ernährung und Bewegung sowie beim Umgang mit Stress.

Starten Sie mit einem Tagebuch

Der erste Schritt in diese Richtung ist ein Ernährungstagebuch; eine kleine Version davon liegt diesem Buch bei. Damit können Sie gut einsteigen. Für ein solches Protokoll schreiben Sie mehrere Tage lang alles auf, was Sie essen. Dazu notieren Sie jeweils die Uhrzeit. Außerdem haben Sie Platz für persönliche Notizen, damit können Sie Ihr eigenes Essverhalten beurteilen. Wer will, kann sich dabei Unterstützung von Ernährungsfachkräften suchen (siehe Adressen Seite 183).

Gesundes Essen beginnt beim Einkaufen. Auf Wochenmärkten finden Sie reichlich Auswahl.

Machen Sie Ihre Erfolge messbar

Bleiben Sie geduldig. Auch wenn sich nicht sofort Erfolge einstellen, profitiert Ihr Körper bald von einer Ernährungsumstellung. Achten Sie auf sich selbst. Haben Sie schon ein paar überflüssige Pfunde verloren? Fühlen Sie sich besser? Sind Sie fitter geworden? Wenn Sie Bluthochdruck haben, ist es sinnvoll, sich ein Messgerät anzuschaffen, um den Druck selbst zu messen. Zusätzlich kann der Arzt Ihre Blutwerte analysieren; auch hier zeigen sich schnell Erfolge, die Sie beflügeln dranzubleiben.

Werden Sie Ihr eigener Koch

Schon lange bevor Ihr Essen auf den Tisch kommt, lässt sich mit guter Organisation viel erreichen. Verbannen Sie alles, was Sie nicht mehr essen wollen, aus Ihrer Küche. Denn was erst einmal im Haus ist, wird irgendwann auch gegessen. Planen Sie Ihre Mahlzeiten im Voraus. Gehen Sie mit Einkaufszettel in den Supermarkt oder auf den Wochenmarkt und kaufen Sie nur, was auf Ihrer Liste steht. Zu Hause sollte es dann regelmäßig heißen: Heute koche ich selbst. Nur so können Sie unerwünschte Zusatzstoffe vermeiden. Jedes Jahr sterben weltweit etwa elf Millionen Menschen vorzeitig, weil sie zu viele Fertigprodukte essen. Die Sterberate an Herz-Kreislauf-Erkrankungen steigt damit um neun Prozent.

Nutzen Sie Intervallfasten

Um dauerhaft Gewicht zu verlieren, hat sich Intervallfasten bewährt. Insbesondere das 16:8-Fasten ist erfahrungsgemäß sehr alltagstauglich und lässt sich nach einer relativ kurzen Gewöhnungsphase langfristig umsetzen. 16:8-Fasten heißt, dass man in einem Zeitfenster von acht Stunden zwei bis drei Mahlzeiten ohne Snacks dazwischen isst und anschließend unter Einbeziehung der Nacht 16 Stunden fastet. Dieses Teilzeitfasten unterstützt das Abnehmen, hat aber auch bei gleichbleibender Kalorienmenge viele gesundheitliche Vorteile – vor allem bekommen Insulin- und Blutzuckerspiegel die Gelegenheit, auf einen gesunden Level abzusinken. Mehrtägiges Heilfasten sollte nur unter ärztlicher Aufsicht erfolgen.

Wer zu gerne nascht, kann die Ernährungsumstellung zusätzlich mit Zuckerfasten unterstützen. Das heißt, dass Sie vier Wochen auf Süßes verzichten und danach höchstens eine kleine Süßigkeit pro Tag als Nachtisch nach einer Hauptmahlzeit zu sich nehmen.

Bewegen und entspannen Sie sich

Werden Sie in kleinen Schritten zunehmend aktiver. Vielleicht fangen Sie mit regelmäßigen Spaziergängen an und gehen dann stückweise mit etwas schnellerem Tempo ins Walken über? Legen Sie Strecken oder Teilstrecken zu Fuß zurück, für die Sie sich sonst ins Auto oder in den Bus setzen würden. Wenn Sie bereits Herzprobleme haben, lassen Sie sich von Ihrem Arzt beraten, welches Maß gesund für Sie ist. Achten Sie auch darauf, dass Sie sich regelmäßig entspannen – zum Beispiel mit Meditation, leichten Bewegungen oder Achtsamkeitsübungen. Auch das lässt sich in Etappen lernen. Fangen Sie zum Beispiel mit kurzen Atemübungen an und verlängern Sie sie schrittweise.

Belohnen Sie sich selbst

Gewöhnen Sie sich Ihrer Gesundheit zuliebe eine gewisse Disziplin an. Denn ganz ohne geht es leider nicht. Aber seien Sie dabei nicht zu streng mit sich. Bedenken Sie, dass Genuss und Lebensfreude auch (und gerade da!) während einer Ernährungsumstellung nicht zu kurz kommen dürfen. Belohnen Sie sich, wenn Ihnen etwas gelungen ist. Solange es die Ausnahme und nicht die Regel ist, sind auch mal Süßigkeiten, Pizza und Alkohol in Maßen erlaubt.

Die sieben wichtigsten Essregeln im Überblick

1. Achten Sie auf die Tellereinteilung: Die Hälfte sollte aus Gemüse bestehen. Dazu kommen etwa 30 Prozent Eiweißlieferanten. Den restlichen Teil füllen ballaststoffreiche Beilagen.
2. Essen Sie jeweils zu den Mahlzeiten über den Tag verteilt 3 Handvoll Gemüse und 2 Handvoll zuckerarmes Obst (Obst am besten in der ersten Tageshälfte). Damit nehmen Sie reichlich Antioxidantien und sekundäre Pflanzenstoffe auf.
3. Wertvolle Proteine liefern Nüsse und Hülsenfrüchte, mageres Bio-Fleisch, Fisch, Eier sowie fettarme Milchprodukte.
4. Essen Sie nur wenig Fleisch und tierische Fette. Sorgen Sie stattdessen für reichlich entzündungshemmende Omega-3-Fettsäuren in den Mahlzeiten.
5. Bevorzugen Sie bei Nudeln, Reis und Brot die Vollkornvarianten.
6. Verwenden Sie statt Salz Kräuter und Gewürze, am besten antientzündliche wie Ingwer oder Salbei.
7. Trinken Sie mindestens zwei Liter am Tag bzw. passen Sie Ihre Trinkmenge nach Rücksprache mit dem Arzt Ihrer Erkrankung an. Alkohol sollten Sie meiden.

REZEPTE ZUM GENIESSEN

Um herzgesund zu essen, müssen Sie Ihre Ernährung nicht komplett umkrempeln – schon kleine Umstellungen können viel bewirken. Und das Beste ist: Dabei kommt auch der Genuss nicht zu kurz! Setzen Sie auf viel buntes Gemüse, Salate, Kräuter, Obst, Hülsenfrüchte und Nüsse, denn diese Lebensmittel machen Ihr Herz stark. Kommen dann noch Vollkornprodukte, wertvolle Öle, Fisch und mageres Fleisch dazu, sind Sie garantiert auf der sicheren Seite. Wie leicht und unkompliziert sich das in der Küche umsetzen lässt, beweisen unsere Rezepte, die Balsam für Ihr Herz und die Gefäße sind. Alle haben einen positiven Effekt auf den Blutdruck, die Blutfette und das Entzündungsgeschehen im Körper. In diesem Sinne: Lassen Sie es sich herzgesund schmecken!

FRÜHSTÜCK

Gesund frühstücken ist das A und O, damit Sie energiegeladen in den Tag starten. Fruchtiges Müsli, Leinöl-Quark, Granola, Rührei mit Gemüse oder Vollkornbrot mit selbst gemachtem Aufstrich – unsere bunte Rezepte-Vielfalt bietet für jeden etwas. Und „schmeckt" garantiert auch Ihrem Herz und den Blutgefäßen!

Pinke Skyr-Bowl mit Himbeeren und Mandeln

Für 2 Personen
Zubereitung: 20 Minuten

175 g Wild-Heidelbeeren (frisch oder tiefgekühlt)
½ Banane
2 EL Zitronensaft
2 EL zarte glutenfreie Haferflocken
400 g Skyr Natur (0,2 % Fett)
100 ml ungesüßter Mandeldrink
2 Msp. gemahlene Vanille
2 EL Mandeln
40 g Himbeeren
1 EL geschälte Hanfsamen
1 EL gepuffter Amarant

Nährwerte pro Portion: 340 kcal, 28 g EW, 10 g F, 28 g KH, 8 g BST, 3,4 g MUFS

+ Die Beeren verlesen, waschen und trocken tupfen (Tiefkühlware etwa 10 Minuten antauen lassen). Die Banane schälen und in Scheiben schneiden. Zum Garnieren 40 g Heidelbeeren beiseitelegen. Die übrigen Heidelbeeren mit Banane, Zitronensaft, Haferflocken, Skyr, Mandeldrink, Vanille und nach Belieben 2 TL Reissirup in den Standmixer oder einen hohen Rührbecher geben und alles im Mixer oder mit dem Stabmixer cremig-fein pürieren. Kurz quellen lassen.

+ Inzwischen die Mandeln hacken und in einer Pfanne ohne Fett hell anrösten. Vom Herd nehmen und abkühlen lassen. Die Himbeeren verlesen, waschen und trocken tupfen.

+ Zum Servieren den Beeren-Skyr-Mix auf Schalen (Bowls) verteilen. Mit Mandeln, Hanfsamen und Amarant bestreuen und mit den Himbeeren und beiseitegelegten Heidelbeeren garnieren.

Tipp: Sie können den Skyr aus Kuhmilch einfach durch einen veganen Skyr Natur auf Sojabasis ersetzen, den gibt es in gut sortierten Supermärkten. So wird die Bowl im Handumdrehen vegan.

Die Ernährungs-Docs

Heidelbeeren, Himbeeren und Co. stecken voller Antioxidantien und wirken positiv auf die Herzkranzgefäße. Je kräftiger die Farbe der Beeren, desto besser sind sie fürs Herz – das konnte in verschiedenen Studien nachgewiesen werden. Sekundäre Pflanzenstoffe wie Flavonoide, Polyphenole und Anthocyane fangen schädliche freie Radikale im Blut ab und verhindern, dass die Zellen in den Blutgefäßen angegriffen werden und sich gefährliche Plaques bilden. So schützen die Powerstoffe vor Verkalkung der Gefäßwände, hohem Blutdruck, Blutgerinnseln und Herzinfarkt.

Müsli nach Bircher Art mit Möhren und Preiselbeeren

Für 2 Personen
Zubereitung: 20 Minuten
Quellen: 1 Stunde (über Nacht)

1 EL getr. Cranberrys
20 g Haselnusskerne
80 g zarte Haferflocken
1 EL geschroteter Leinsamen
200 ml Kokosdrink
50 g Preiselbeeren (frisch oder tiefgekühlt; ersatzweise Kompott)
2 TL Ahornsirup
1 säuerlicher Apfel (z. B. Boskoop)
1 Möhre
2 TL Zitronensaft
200 g ungesüßter Natur-Sojaghurt
Zimtpulver
1 EL Kokos-Chips

Nährwerte pro Portion: 380 kcal, 13 g EW, 13 g F, 47 g KH, 11 g BST, 3,7 g MUFS

+ Die getrockneten Cranberrys und die Haselnüsse grob hacken. Beides mit den Haferflocken und Leinsamen in einer Schüssel mit dem Kokosdrink mischen. Abgedeckt im Kühlschrank mindestens 1 Stunde, am besten über Nacht, quellen lassen.

+ Die Preiselbeeren verlesen, waschen und trocken tupfen (tiefgekühlte Beeren auftauen lassen). Die Beeren mit Ahornsirup beträufeln und kurz ziehen lassen (bei Verwendung von Kompott nicht!).

+ Den Apfel waschen, vierteln und das Kerngehäuse entfernen. Die Apfelviertel auf der Gemüsereibe grob raspeln. Die Möhre putzen, schälen und fein raspeln. Apfel- und Möhrenraspel mit dem Zitronensaft mischen und die Hälfte des Apfel-Möhren-Mix mit Sojaghurt und 1 Prise Zimt unter die gequollene Flockenmischung rühren.

+ Zum Servieren das Müsli auf Schalen verteilen und den übrigen Apfel-Möhren-Mix und die marinierten Preiselbeeren daraufsetzen. Mit den Kokos-Chips garnieren.

Die Ernährungs-Docs

Wer morgens regelmäßig Müsli oder Porridge isst, hält Herz, Kreislauf und Verdauung fit. Haferflocken enthalten rund 10 Gramm Ballaststoffe auf 100 Gramm, darunter auch Hafer-Beta-Glucan. Der wasserlösliche Ballaststoff kommt in dieser Struktur nur im Hafer vor. Mit der Flüssigkeit aus der Nahrung bildet Beta-Glucan ein Gel, das den Magen beruhigt und die Darmwand schützt. Das verlangsamt den Abbau von Nährstoffen im Dünndarm, reguliert den Cholesterin-, Blutzucker- und Insulinspiegel und schützt die Blutgefäße vor schädlichen Ablagerungen und Verkalkung der Arterien.

4 x Quark-Öl-Frühstück

Ob vegetarisch oder vegan, fruchtig oder herzhaft – ein cremiges Quarkfrühstück ist ideal, um uns morgens mit wertvollen Fetten und Eiweiß zu versorgen. Es sättigt lange und angenehm, ohne den Körper zu sehr mit Verdauungsarbeit zu belasten.

Veganer Orangenquark

Für 2 Personen: **Je 2 EL Hirse- und Buchweizenflocken** mit **2 EL gehackten Haselnüssen** und **2 EL geschrotetem Leinsamen** mischen. **300 g vegane Quark- oder Skyr-Alternative** (z. B. auf Mandel- oder Sojabasis) und **1 EL kalt gepresstes Hanföl** unterrühren. **1 große Orange** schälen, filetieren (siehe Seite 94), 4 EL Saft auffangen und unter die Creme rühren. Auf Schalen verteilen, mit Orange und je **1 EL Granatapfelkernen** garnieren.

Nährwerte pro Portion: 375 kcal, 13 g EW, 22 g F, 22 g KH, 8 g BST, 11 g MUFS

Pikanter Avocadoquark

Für 2 Personen: **1 Avocado** halbieren, entkernen und schälen. 1 Avocadohälfte mit **250 g Magerquark, 1 EL Zitronensaft, 4 EL Mineralwasser (mit Kohlensäure)** und **1 EL kalt gepresstem Leinöl** pürieren. Mit **Salz, Pfeffer aus der Mühle** und **1 Prise Cayennepfeffer** würzen und auf Schalen verteilen. Übrige Avocado klein würfeln, **100 g Cocktailtomaten** waschen und vierteln, beides auf dem Quark verteilen. Mit **je 1 EL geschrotetem Leinsamen und gehackten Mandeln** bestreuen.

Nährwerte pro Portion: 320 kcal, 18 g EW, 22 g F, 10 g KH, 5 g BST, 6,6 g MUFS

Quark mit Apfel-Crunch

Für 2 Personen: **1 großen Apfel (z. B. Boskoop)** waschen, achteln, entkernen, quer in Scheiben schneiden und mit **1 EL Zitronensaft** beträufeln. **2 TL Vollrohrzucker** in einer Pfanne zerlassen, **2 EL kernige Haferflocken, 2 EL Mandelblättchen, Apfel, 1 EL Korinthen und ¼ TL Zimtpulver** darin bei mittlerer Hitze 4 bis 5 Minuten unter Wenden rösten, etwas abkühlen lassen. **250 g Magerquark** mit **150 g Naturjoghurt (1,5 % Fett)** und **1 Prise gemahlener Vanille** verrühren. Auf Schalen verteilen, mit Crunch bestreuen und mit **je 1 TL kalt gepresstem Leinöl** beträufeln.

Nährwerte pro Portion: 380 kcal,
21 g EW, 15 g F, 36 g KH, 4 g BST, 5 g MUFS

Wildkräuterquark mit Radieschen

Für 2 Personen: **300 g Magerquark** mit **3 EL Mineralwasser (mit Kohlensäure)** und **1 ½ EL kalt gepresstem Leinöl** verrühren. **40 g Wildkräuter (z. B. Brunnenkresse, Giersch, Löwenzahn oder Sauerampfer)** waschen, trocken schütteln und die Blätter abzupfen. Einige Blätter zum Garnieren beiseitelegen, den Rest fein hacken und unter den Quark rühren, **salzen** und **pfeffern. 6 Radieschen** putzen, waschen und in dünne Scheiben schneiden. **2 Frühlingszwiebeln** putzen, waschen und in dünne Ringe schneiden. Den Quark auf Schalen verteilen und mit Radieschen, Frühlingszwiebelringen und beiseitegelegten Kräutern garnieren.

Nährwerte pro Portion: 220 kcal,
19 g EW, 11 g F, 10 g KH, 2 g BST, 5,3 g MUFS

Herbstlicher Quinoa-Brei

Für 2 Personen
Zubereitung: 30 Minuten

100 g helle Quinoa
100 ml ungesüßter Mandeldrink
½ Zimtstange
1 EL getr. Aroniabeeren (ersatzweise getr. Cranberrys)
20 g Walnusskerne
20 g Sonnenblumenkerne
150 g kernlose blaue Weintrauben
1 Bio-Orange
200 g ungesüßte vegane Joghurtalternative auf Mandelbasis

Nährwerte pro Portion: 490 kcal, 13 g EW, 17 g F, 64 g KH, 11 g BST, 8,5 g MUFS

+ Die Quinoa in einem Sieb kalt abbrausen und abtropfen lassen. Dann mit 100 ml Wasser, Mandeldrink, Zimtstange und Aroniabeeren in einem kleinen Topf aufkochen. Die Quinoa mit halb aufgelegtem Deckel bei schwacher Hitze 15 bis 20 Minuten köcheln lassen, bis sie die Flüssigkeit vollständig aufgesogen hat.

+ Inzwischen die Nüsse grob hacken, mit den Sonnenblumenkernen in einer Pfanne ohne Fett hell rösten, vom Herd nehmen und abkühlen lassen. Die Trauben waschen, von den Stielen zupfen und halbieren.

+ Die Orange heiß waschen, abtrocknen und 1 TL Schale abreiben. Dann die Orange so großzügig schälen, dass auch die weiße Haut mit entfernt wird. Die Filets zwischen den einzelnen Trennhäuten herausschneiden, den austretenden Saft auffangen und den Rest der Orange gut ausdrücken.

+ Den Brei vom Herd nehmen, Zimtstange entfernen. Das Müsli nach Belieben mit 2 TL Ahornsirup abschmecken und etwas abkühlen lassen. Dann mit Nüssen, Sonnenblumenkernen, Orangensaft und -schale mischen. Je etwa zwei Drittel der Trauben und Orangenfilets untermischen. Zum Servieren den Brei auf Schalen verteilen. Joghurt daraufsetzen und mit übrigen Trauben und Orangenfilets garnieren.

Die Ernährungs-Docs

Die Aroniabeere gilt als heimisches Superfood: Der aus der kleinen Beere gewonnene Saft soll den Blutdruck senken, vor Arteriosklerose schützen und das Herz stärken. Kardiologen sind zwar skeptisch, was aber stimmt: Die herben Beeren sind reich an roten Farbstoffen, vor allem Anthocyanen. Diese Pflanzenstoffe punkten als effektive Zellschützer und binden freie Radikale. Außerdem liefern Aroniabeeren Vitamin C, Eisen, Folsäure und Jod.

Hirse-Vanille-Porridge mit Kurkuma und Papaya

Für 2 Personen
Zubereitung: 25 Minuten

100 g Hirse
350 ml ungesüßter Cashewdrink
2 Msp. gemahlene Vanille
2 Msp. gemahlene Kurkuma
1 Kardamomkapsel
Salz
1 EL Sonnenblumenkerne
250 g Papaya
1 EL Limettensaft
125 g Himbeeren

Nährwerte pro Portion: 310 kcal, 9 g EW, 6 g F, 51 g KH, 7 g BST, 2,2 g MUFS

+ Die Hirse in einem Sieb kalt abbrausen und abtropfen lassen. Dann mit dem Cashewdrink und 125 ml Wasser in einen kleinen Topf geben. Vanille, Kurkuma, Kardamomkapsel sowie 1 Prise Salz hinzufügen. Alles aufkochen und mit halb aufgelegtem Deckel bei schwacher Hitze 15 bis 18 Minuten köcheln lassen, bis die gewünschte Konsistenz erreicht ist. Dabei ab und zu umrühren.

+ Inzwischen die Sonnenblumenkerne in einer Pfanne ohne Fett hell rösten, herausnehmen und abkühlen lassen. Die Papaya eventuell halbieren, entkernen und schälen. Das Fruchtfleisch etwa 1 cm groß würfeln und mit dem Limettensaft beträufeln. Himbeeren verlesen, waschen und trocken tupfen.

+ Den Porridge nach Belieben mit 1 bis 2 TL Reissirup süßen und die Hälfte der Papayawürfel und Himbeeren unterheben. Zum Servieren den Porridge auf Schalen verteilen und übrige Papayawürfel und Himbeeren daraufsetzen. Mit den Sonnenblumenkernen bestreuen.

Die Ernährungs-Docs

Schon eine kleine Portion Papaya (ca. 125 Gramm) reicht aus, um den täglichen Bedarf an Vitamin C zu decken. Außerdem enthält die Tropenfrucht Lycopin und Vitamin E, zwei weitere wirkungsvolle Antioxidantien, die als „Radikalfänger" oxidativen Stress verringern. So kann Zellschäden und daraus resultierenden Folgeerkrankungen des Herz-Kreislauf-Systems vorgebeugt werden. In einer kontrollierten Studie wurde gezeigt, dass diese Antioxidantien bei Diabetikern unter anderem die Schutzwirkung des „guten" HDL-Cholesterins verbessern.

Eine Schale voller Knusper

Granola – eine Zuckerbombe? Nicht, wenn Sie das Knuspermüsli selbst machen. Das ist preiswert, geht supereinfach – und Sie können immer wieder Lieblingszutaten unter das Basisrezept mischen. Das Gute: Wie viel Zucker drinsteckt, entscheiden Sie selbst.

6 x Basis-Granola mit Mehrwert:

+ Ballaststoffreich

Mit 100 g klein gewürfelten getrockneten Aprikosen, Pflaumen, Feigen oder Kirschen kann man den Mix zu einer guten Ballaststoffquelle aufpeppen. Zur Abwechslung Chia- statt Leinsamen verwenden.

+ Glutenfrei

Die Haferflocken durch glutenfreie Haferflocken (aus dem Bioladen) ersetzen und statt der Dinkelflocken wahlweise Buchweizen-, Soja- oder Hirseflocken nehmen.

+ Low Carb

Für ein Granola mit einem geringen Kohlenhydratanteil im Austausch für die Dinkelflocken je 100 g grob gehackte Hasel- und Walnüsse plus 50 g Kokosraspel verwenden.

+ Mit Omega-3-Fettsäuren

Grob gehackte Walnüsse statt der Mandeln und zusätzlich 50 g Leinsamen bringen mehr wertvolle Fettsäuren. Wer mag, kann noch 2 EL kalt gepresstes Leinöl unter das abgekühlte Granola mischen.

+ Proteinreich

Für einen höheren Anteil an pflanzlichem Eiweiß kann man je 150 g der Hafer- und Dinkelflocken durch 200 g Sojaflocken, 50 g Quinoaflocken und 50 g gepufften Amarant ersetzen.

+ Mit Superfood

Getrocknete Aroniabeeren oder Wild-Heidelbeeren plus 50 g geschälte Hanf- oder Chiasamen machen das Basis-Granola zum echten Frühstücks-Superhelden.

Das Basisrezept: Granola mit Honig

Für 20 Portionen (ca. 1 kg)
Zubereitung: 20 Minuten
Backen: 25 Minuten

250 g kernige Haferflocken
250 g zarte Dinkelflocken
100 g Mandeln
100 g Sonnenblumenkerne
100 g Kürbiskerne
50 g Leinsamen
100 ml kalt gepresstes Rapsöl
80 g flüssiger Honig
½ TL Zimtpulver
½ TL gemahlene Vanille

Nährwerte pro Portion (ca. 50 g): 240 kcal, 8 g EW, 13 g F, 21 g KH, 4 g BST, 4,5 g MUFS

Den Backofen auf 180 °C vorheizen. Ein Backblech mit Backpapier belegen. Hafer- und Dinkelflocken in eine große Schüssel geben. Die Mandeln grob hacken, mit Sonnenblumen- und Kürbiskernen sowie Leinsamen unter die Flocken mischen. Öl, Honig, Zimt und Vanille in einem kleinen Topf unter Rühren kurz erhitzen. Zur Flockenmischung geben und alles mit einem Kochlöffel gut mischen.

Die Masse gleichmäßig auf dem Blech verteilen und im Ofen auf der mittleren Schiene etwa 25 Minuten backen. Dabei zwei- bis dreimal durchmischen, damit alles gleichmäßig bräunt. Das Granola herausnehmen und auf dem Blech abkühlen lassen. Dann in eine große Dose oder ein großes Glas füllen. Luftdicht verschlossen, vor Feuchtigkeit geschützt und kühl gelagert hält es sich 2 bis 3 Wochen.

Zum Servieren pro Portion 50 g Granola mit 100 ml Milch (1,5 % Fett) oder ungesüßtem Pflanzendrink (z. B. Hafer-, Mandel-, Cashew- oder Sojadrink) übergießen oder mit 100 g Naturjoghurt oder -Sojaghurt anrichten. Mit 50 bis 100 g zuckerarmem Obst der Saison (z. B. Beeren, Kiwi, Orange oder Papaya) ergänzen. Weitere Servierideen für das Basisrezept finden Sie auf der nächsten Seite.

1 Granola – 4 Rezepte

Keine Frage, das Granola-Basisrezept schmeckt schon mit Joghurt und Beeren lecker. Damit es auf dem Frühstückstisch nicht langweilig wird, kommen hier aber noch andere Rezeptideen. Wer es herzhaft mag, probiert die Kombi mit Kräutern und Gemüse.

Overnight-Granola-Müsli

Für 2 Personen: Am Vorabend **20 g getr. Kirschen** hacken, mit 100 ml Wasser und **50 g Granola mit Honig** (siehe Seite 69) verrühren und im Kühlschrank abgedeckt über Nacht einweichen. Am nächsten Tag **1 säuerlichen Apfel** waschen, vierteln, entkernen und klein würfeln. **100 g Erdbeeren** waschen, putzen und in Spalten schneiden. Die Früchte mit **100 ml Kefir (1,5 % Fett)** unter das eingeweichte Granola mischen. Mit weiteren **50 g Granola mit Honig** bestreuen.

Nährwerte pro Portion: 380 kcal, 12 g EW, 16 g F, 41 g KH, 7 g BST, 5 g MUFS

Beerenjoghurt mit Granola

Für 2 Personen: **200 g gemischte Beeren (z. B. Brom-, Heidel- und Himbeeren)** verlesen, waschen und trocken tupfen, mit **1 EL Zitronensaft** mischen. **400 g Naturjoghurt (1,5 % Fett)** glatt rühren und auf Schalen verteilen, die Beeren daraufgeben. Mit **100 g Granola mit Honig** (siehe Seite 69) und **2 TL Kakao-Nibs** (aus dem Bioladen) bestreuen.

Nährwerte pro Portion: 410 kcal, 17 g EW, 19 g F, 36 g KH, 7 g BST, 5 g MUFS

Pikantes Granola-Müsli

Für 2 Personen: **400 g Skyr Natur (0,2 % Fett)** mit **1 EL Apfelessig** und **4 EL gehackten Kräutern (z. B. Basilikum, Petersilie, Schnittlauch)** verrühren, **salzen** und **pfeffern**. Auf Schalen verteilen und **100 g Granola mit Honig** (siehe Seite 69) daraufgeben. **80 g Cocktailtomaten** waschen und vierteln. **1 Mini-Salatgurke** putzen, waschen und klein würfeln. **1 Handvoll Sprossen (z. B. Radieschen, Alfalfa)** abbrausen und trocken tupfen. Tomaten, Gurke und Sprossen auf das Müsli geben, nach Belieben noch mit Kräuterblättern garnieren.

Nährwerte pro Portion: 395 kcal, 32 g EW, 14 g F, 32 g KH, 6 g BST, 4,7 g MUFS

Exoten-Granola

Für 2 Personen: **125 g Mangofruchtfleisch** und **1 Kiwi** schälen und klein würfeln. Die Hälfte der Fruchtwürfel mit **1 EL Limettensaft** pürieren und mit **400 g veganer Joghurt-Alternative auf Kokosbasis** verrühren. Den Mix auf Schalen verteilen, **100 g Granola mit Honig** (siehe Seite 69) und übrige Fruchtwürfel daraufgeben. Zuletzt mit **1 EL Kokos-Chips** bestreuen.

Nährwerte pro Portion: 520 kcal, 12 g EW, 30 g F, 44 g KH, 8 g BST, 4,7 g MUFS

Roggenschrotbrot mit Sauerteig

Für 1 Brot (ca. 18 Scheiben)
Zubereitung: 25 Minuten
Quellen: 30 Minuten
Gehen: 1 ¾ Stunden
Backen: 1 Stunde

400 g Roggenvollkornschrot
½ Würfel Hefe (21 g)
2 TL Zuckerrübensirup
100 g Dinkelvollkornmehl
2 TL Brotgewürzmischung
2 TL feines Meersalz
1 EL Apfelessig
75 g flüssiger Roggensauerteig (½ Frischebeutel; aus dem Bioladen)
Öl für die Form

Nährwerte pro Scheibe (ca. 50 g): 115 kcal, 4 g EW, 1 g F, 20 g KH, 4 g BST, 0,4 g MUFS

+ In einer Rührschüssel 100 g Roggenschrot mit 150 ml lauwarmem Wasser verrühren und abgedeckt etwa 30 Minuten quellen lassen. Inzwischen die Hefe mit dem Sirup und 50 ml lauwarmem Wasser so lange verrühren, bis sich die Hefe aufgelöst hat. An einem warmen Ort abgedeckt etwa 15 Minuten gehen lassen.

+ Dann die Hefemischung zum eingeweichten Schrot geben. Den übrigen Roggenschrot, Dinkelmehl, Brotgewürz, Salz, Essig, Sauerteig und 150 ml lauwarmes Wasser hinzufügen und alles mit den Knethaken des Handrührgeräts oder der Küchenmaschine zu einem glatten, weichen Teig verarbeiten. Abgedeckt etwa 45 Minuten gehen lassen. Eine Kastenform (ca. 25 cm Länge) mit Öl einfetten.

+ Den weichen Teig mit den Knethaken nochmals gut durchkneten, in die Form füllen und glatt streichen. Nochmals etwa 45 Minuten gehen lassen, bis sich auf der Teigoberfläche kleine Risse bilden.

+ Inzwischen den Backofen auf 220 °C vorheizen. Das Brot kreuzweise einschneiden und mit Wasser bestreichen. Das Brot im Ofen auf der mittleren Schiene erst etwa 15 Minuten backen, dann die Ofenhitze auf 200 °C reduzieren und das Brot noch weitere 45 Minuten backen. Anschließend das Brot aus dem Ofen nehmen und kurz abkühlen lassen, aus der Form stürzen und auf einem Kuchengitter vollständig abkühlen lassen.

Die Ernährungs-Docs

Sauerteig ist gut fürs Herz und auch den Darm, wie finnische Forscher in einer Studie nachweisen konnten. Demnach fermentieren seine Milchsäurebakterien nicht nur den Teig, sondern verändern auch die bioaktiven Substanzen im Roggen. Dabei werden bestimmte Aminosäuren gebildet, sogenannte Trimethylglycine, die das Herz schützen und den Insulinstoffwechsel positiv beeinflussen.

Dinkel-Walnuss-Ciabatta

Für 2 Brote (à ca. 7 Scheiben)
Zubereitung: 25 Minuten
Gehen: 1 ¼ Stunden
Backen: 20–25 Minuten

60 g Walnusskerne
½ Würfel Hefe (21 g)
1 TL Vollrohrzucker
200 g Dinkelvollkornmehl
200 g Dinkelmehl (Type 1050)
60 g Polenta (Maisgrieß)
1 EL natives Olivenöl extra
1 TL feines Meersalz
1 TL getr. Oregano
Mehl zum Arbeiten

Nährwerte pro Scheibe (ca. 50 g): 150 kcal, 5 g EW, 5 g F, 21 g KH, 2 g BST, 2,6 g MUFS

+ Die Nüsse in einer Pfanne ohne Fett hell anrösten, herausnehmen und abkühlen lassen, dann grob hacken.

+ Die Hefe zerkrümeln und in einer Rührschüssel mit Zucker und 300 ml lauwarmem Wasser mit einem Schneebesen verrühren. Beide Dinkelmehlsorten, Polenta, Olivenöl, Salz, Oregano und gehackte Nüsse dazugeben und alles mit den Knethaken des Handrührgeräts oder der Küchenmaschine etwa 1 Minute auf niedriger Stufe mischen. Dann auf höchster Stufe etwa 3 Minuten zu einem glatten, klebrigen Teig verkneten. Den Teig mit etwas Mehl bestäuben und abgedeckt an einem warmen Ort etwa 1 Stunde gehen lassen.

+ Ein Backblech mit Backpapier belegen. Den Teig halbieren und jede Teighälfte auf dem Blech mit leicht bemehlten Händen zu einem länglichen Laib (à ca. 30 × 10 cm) formen, dabei vorsichtig arbeiten: den Teig nicht kneten oder falten, um möglichst wenige der entstandenen Luftbläschen zu zerstören. Die Brotlaibe oben mehrmals mit einer Gabel einstechen, mit etwas Mehl bestäuben und nochmals 15 Minuten gehen lassen. Den Backofen auf 220 °C vorheizen.

+ Die Ciabatta-Brote im Ofen auf der mittleren Schieben 20 bis 25 Minuten backen. Herausnehmen und auf einem Kuchengitter abkühlen lassen. Nach Belieben am Stück oder in Scheiben einfrieren.

Die Ernährungs-Docs

Das Blut von über 60-Jährigen wies geringere Entzündungswerte auf, wenn diese regelmäßig Walnüsse aßen. Das haben Forscher aus Spanien und Kalifornien in einer Studie herausgefunden. Sogenannte stille Entzündungen im Körper erhöhen nämlich das Risiko für Arterienverkalkung und Demenz. Eine Ernährung mit vielen Walnüssen kann die Funktion des gesamten Endothels (der inneren Zellschicht von Blut- und Lymphgefäßen) verbessern.

Möhren-Vollkornbrötchen

Für 10 Stück
Zubereitung: 30 Minuten
Gehen: 1 ¼ Stunden
Backen: 25 Minuten

200 g Möhren
2 ½ EL kalt gepresstes Rapsöl
1 TL Ahornsirup
300 g Dinkelvollkornmehl
100 g Roggenmehl (Type 1150)
2 TL feines Meersalz
50 g Haferkleie
50 g geschroteter Leinsamen
½ Würfel Hefe (21 g)
Mehl zum Arbeiten
20 g Kürbiskerne
20 g kernige Haferflocken

Nährwerte pro Stück: 240 kcal, 8 g EW, 7 g F, 33 g KH, 6 g BST, 3 g MUFS

+ Die Möhren putzen, schälen und auf der Gemüsereibe fein raspeln. Die Möhrenraspel in einem Topf in 1 EL Öl bei mittlerer Hitze 3 bis 5 Minuten andünsten. Alles mit Ahornsirup würzen, vom Herd nehmen und abkühlen lassen.

+ Inzwischen beide Mehlsorten, Salz, Haferkleie und Leinsamen in einer Rührschüssel mischen. Die Hefe in 200 ml lauwarmem Wasser auflösen, mit übrigem Öl und Möhren zum Mehl-Mix geben. Alles mit den Knethaken des Handrührgeräts oder der Küchenmaschine zu einem glatten, geschmeidigen Teig verarbeiten. Mit Mehl bestäuben und abgedeckt an einem warmen Ort etwa 45 Minuten gehen lassen.

+ Ein Backblech mit Backpapier belegen. Den Teig in 10 Portionen teilen, jede Teigportion mit leicht bemehlten Händen zu einem Brötchen formen und nebeneinander auf das Blech setzen. Die Brötchen oben kreuzweise einschneiden und mit etwas Wasser bestreichen. Kürbiskerne und Haferflocken mischen, auf die Brötchen streuen und leicht andrücken. Abgedeckt noch etwa 30 Minuten gehen lassen.

+ Inzwischen den Backofen auf 200 °C vorheizen, dabei ein ofenfestes Gefäß mit Wasser auf den Ofenboden stellen. Die Brötchen im Ofen auf der mittleren Schiene etwa 25 Minuten goldbraun backen. Herausnehmen und auf einem Kuchengitter abkühlen lassen.

Die Ernährungs-Docs

Getreide in der Vollkornvariante sollte für Sie im wahrsten Sinne eine Herzensangelegenheit sein. Ein Forscherteam hat nämlich festgestellt, dass der Verzehr von mehr als 350 Gramm Weißmehlprodukten täglich das Risiko für kardiovaskuläre Erkrankungen erhöht. Vollkornprodukte werden jedoch aus den nähr- und ballaststoffreichen Bestandteilen des ganzen Korns hergestellt und verursachen dann keine Blutzuckerspitzen oder Heißhungerattacken.

Avocadobrote mit Paprika-Salsa

Für 2 Personen
Zubereitung: 20 Minuten

1 kleine Avocado
2 EL Limettensaft
Salz
1 Msp. Cayennepfeffer
2 gelbe Snack-Paprikaschoten
100 g Cocktailtomaten
1 kleine rote Zwiebel
4 Koriandergrünstiele
2 TL ungeschälte Sesamsamen
2 Radicchioblätter (ca. 30 g)
4 Scheiben Roggenschrotbrot (siehe Seite 73) oder Roggenvollkornbrot (à ca. 50 g)

Nährwerte pro Portion: 390 kcal, 11 g EW, 13 g F, 48 g KH, 13 g BST, 3 g MUFS

+ Die Avocado halbieren und den Kern entfernen. Das Fruchtfleisch aus den Schalen lösen und mit einer Gabel in einer kleinen Schüssel grob zerdrücken. Sofort den Limettensaft, etwas Salz und Cayennepfeffer unterrühren.

+ Für die Salsa die Paprika längs halbieren, putzen, waschen und in kleine Würfel schneiden. Die Tomaten waschen und vierteln. Die Zwiebel schälen und fein würfeln. Den Koriander waschen, trocken tupfen und die Blätter abzupfen. Einige Blätter zum Garnieren beiseitestellen, den Rest fein hacken. Paprika, Tomaten, Zwiebel und gehackten Koriander mischen und die Salsa kurz ziehen lassen.

+ Den Sesam in einer kleinen Pfanne ohne Fett hell rösten. Herausnehmen und abkühlen lassen. Die Radicchioblätter waschen, trocken schleudern und in feine Streifen schneiden.

+ Die Brotscheiben mit Avocado-Mix bestreichen und jeweils ein Viertel der Paprika-Salsa darauf verteilen. Mit Radicchiostreifen und Sesam bestreuen und mit beiseitegestelltem Koriander garnieren.

Die Ernährungs-Docs

Avocados sind hervorragende Lieferanten für gesunde Fette: Rund 80 Prozent der enthaltenen Fettsäuren sind einfach oder mehrfach ungesättigt. Besonders hervorzuheben ist der hohe Anteil an Ölsäure, die das Gesamt- und LDL-Cholesterin senkt und sich damit positiv auf das Herz-Kreislauf-System auswirkt. Unterstützt wird dieser herzschützende Effekt vor allem durch die ebenfalls enthaltene Alpha-Linolensäure, eine dreifach ungesättigte, essenzielle Fettsäure. Sie kann Entzündungsreaktionen und das Verklumpen von Blutplättchen hemmen, was die Gefahr verstopfter Gefäße und damit das Herzinfarktrisiko deutlich mindert.

Zwei auf einen Streich

Was gibt es Besseres als ofenfrisches Brot mit cremigem Aufstrich? Für alle, die dabei Abwechslung lieben, kommen hier zwei einfache Rezepte mit gerösteten Sonnenblumenkernen und Hüttenkäse, die man nach Lust und Laune abwandeln kann.

Die Basis: Hüttenkäseaufstrich

Für ca. 230 g: **2 Frühlingszwiebeln** putzen, waschen und das Weiße und Hellgrüne klein würfeln. Mit **200 g körnigem Frischkäse (Halbfettstufe)** verrühren, mit **Salz** und **Pfeffer aus der Mühle** würzen. Nach Belieben variieren (siehe rechts) und in ein sauberes Schraubglas füllen, fest verschließen. Hält sich gekühlt 3 bis 4 Tage.

Nährwerte pro EL (ca. 20 g): 20 kcal, 2 g EW, 1 g F, 1 g KH, 0 g BST, 0 g MUFS

+ Makrelencreme (nicht vegetarisch)

125 g geräucherte Makrele (mit Haut) häuten, grob zerpflücken und fein pürieren. Mit dem Hüttenkäseaufstrich verrühren. ½ Beet Gartenkresse abschneiden, waschen und trocken tupfen. Zwei Drittel der Kresse unterrühren, den Rest darüberstreuen.

+ Radieschen-Möhren-Aufstrich

1 Möhre putzen, schälen und auf der Gemüsereibe fein raspeln. 50 g Radieschen putzen, waschen und klein würfeln. Beides mit 2 EL gehackter Petersilie unter den Basisaufstrich mischen.

+ Walnuss-Tomaten-Aufstrich

50 g Walnusskerne in einer Pfanne ohne Fett hell rösten. Herausnehmen, abkühlen lassen und grob hacken. 50 g getr. Tomaten (in Öl) abtropfen lassen und klein schneiden. 6 Basilikumblätter waschen, trocken tupfen, in feine Streifen schneiden und mit Nüssen und Tomaten unter den Basisaufstrich rühren. Mit Basilikumblättern garnieren.

Die Basis: Sonnenblumenkernaufstrich

Für ca. 300 g: **100 g Sonnenblumenkerne** in einer Pfanne ohne Fett hell rösten. Herausnehmen und abkühlen lassen. **1 kleine Zwiebel** schälen, fein würfeln und in einem kleinen Topf in **2 EL kalt gepresstem Rapsöl** bei mittlerer Hitze andünsten. Sonnenblumenkerne und 125 ml Wasser dazugeben, alles aufkochen und offen bei mittlerer Hitze etwa 5 Minuten köcheln lassen. Mit **Salz, Pfeffer aus der Mühle** und **2 TL Zitronensaft** würzen. Vom Herd nehmen und im Topf mit dem Stabmixer fein pürieren. Nach Belieben variieren (siehe unten) und in ein sauberes Schraubglas füllen, fest verschließen. Hält sich gekühlt etwa 1 Woche.

Nährwerte pro EL (ca. 20 g): 50 kcal, 2 g EW, 3 g F, 2 g KH, 0,4 g BST, 1,4 g MUFS

+ Ajvar-Aufstrich
1 ½ EL mildes oder scharfes Ajvar (Paprikapaste) und 2 TL Tomatenmark unterrühren.

+ Kräuter-Senf-Aufstrich
1 TL (glutenfreien) scharfen Senf und 4 EL gehackte Kräuter (z. B. Dill, Gartenkresse, Petersilie, Schnittlauch) unter den Basisaufstrich mischen.

+ Gelber Curryaufstrich
2 TL scharfes Currypulver, ½ TL gemahlene Kurkuma und 1 TL Reissirup unter die noch warme Sonnenblumenkernmasse rühren.

Mediterranes Schlemmerrührei mit Zucchini und Tomaten

Für 2 Personen
Zubereitung: 20 Minuten

150 g Zucchini
2 kleine Strauchtomaten
30 g schwarze Oliven (ohne Stein)
40 g Rucola
4 Eier (Größe M)
2 EL Milch (1,5 % Fett)
Salz, Pfeffer aus der Mühle
1 EL Salatkerne-Mix (z. B. Sonnenblumen-, Kürbis- oder Pinienkerne)
1 EL natives Olivenöl extra
2 Scheiben Dinkel-Walnuss-Ciabatta (siehe Seite 74) oder Vollkornbaguette (à ca. 50 g)

Nährwerte pro Portion: 455 kcal, 24 g EW, 27 g F, 27 g KH, 5 g BST, 6,4 MUFS

+ Die Zucchini putzen, waschen und in etwa ½ cm große Würfel schneiden. Die Tomaten waschen und klein würfeln, dabei die Stielansätze entfernen. Die Oliven abtropfen lassen und in Ringe schneiden. Den Rucola verlesen, waschen und trocken tupfen, dabei grobe Stiele entfernen. Die Eier mit Milch, Salz und Pfeffer in einer Schüssel gründlich verquirlen.

+ Den Kerne-Mix in einer beschichteten Pfanne ohne Fett hell rösten, herausnehmen und abkühlen lassen. Die Zucchiniwürfel in der Pfanne im Öl bei mittlerer Hitze etwa 3 Minuten andünsten. Dann Tomatenwürfel und Oliven dazugeben und 1 bis 2 Minuten mitdünsten.

+ Die verquirlten Eier darübergießen und alles bei mittlerer Hitze 3 bis 4 Minuten stocken lassen, dabei die Eiermasse mit einem Holzspatel immer wieder vom Rand zur Mitte schieben.

+ Zum Servieren das Rührei auf Teller verteilen, mit dem Rucola garnieren und mit dem Kerne-Mix bestreuen. Dazu je 1 Scheibe Dinkel-Walnuss-Ciabatta oder Vollkornbaguette reichen.

Die Ernährungs-Docs

Eier und ihre Auswirkungen auf den Cholesterinspiegel: Die Unsicherheit bei diesem Thema ist groß. Tatsächlich sollte man den individuellen Verzehr im Auge behalten, wenn eine Störung im Fettstoffwechsel besteht. Eine neue amerikanische Studie konnte zeigen, dass der Konsum von 3 bis 4 Eiern pro Woche mit einem um etwa sechs Prozent höheren Risiko für Herz-Kreislauf-Erkrankungen verbunden war. Es ist aber auch wichtig, wie man das Ei zu sich nimmt: Statt mit Bacon sollte es lieber wie hier mit Gemüse, Kräutern und Vollkornbrot auf dem Teller landen.

BUYER

Buchweizen-Pancakes mit Lachs

Für 2 Personen
Zubereitung: 30 Minuten

40 g Dinkelvollkornmehl
40 g Buchweizenmehl
1 EL gemahlene Flohsamenschalen
1 TL Weinsteinbackpulver
Salz
150 ml ungesüßter Haferdrink
½ Bund Dill
50 ml Milch (1,5 % Fett)
100 g saure Sahne (10 % Fett)
1–2 EL geriebener Meerrettich
Pfeffer aus der Mühle
2 Mini-Salatgurken
4 Frühlingszwiebeln
2 EL kalt gepresstes Rapsöl
100 g Graved Lachs
(in dünnen Scheiben)

Nährwerte pro Portion: 510 kcal, 18 g EW, 27 g F, 43 g KH, 9 g BST, 5,7 g MUFS

+ In einer Rührschüssel Dinkel- und Buchweizenmehl, Flohsamen, Backpulver und 1 Prise Salz mischen. Den Haferdrink dazugießen und alles mit einem Schneebesen zu einem Teig verrühren. Den Mix abgedeckt etwa 10 Minuten quellen lassen.

+ Inzwischen den Dill waschen, trocken tupfen, Spitzen abzupfen. Einige Dillspitzen zum Garnieren beiseitestellen, den Rest in einem hohen Rührbecher mit der Milch mit dem Stabmixer fein pürieren. Mit Sauerrahm und Meerrettich verrühren, salzen und pfeffern. Gurken putzen, waschen, auf der Gemüsereibe dünn hobeln. Frühlingszwiebeln putzen, waschen, Weißes und Hellgrünes in dünne Ringe schneiden. Gurken und Frühlingszwiebeln mit dem Kräuterrahm mischen.

+ Den Backofen auf 80 °C vorheizen. 100 ml Wasser unter den Teig rühren. In einer großen beschichteten Pfanne 1 EL Öl erhitzen und aus der Hälfte des Teiges 4 bis 5 Pancakes (à ca. 1 EL) bei mittlerer Hitze 4 bis 5 Minuten backen. Sobald der Rand der Pancakes bräunt, diese wenden und noch 2 bis 3 Minuten backen. Herausnehmen und im Ofen warm halten. Dann restlichen Teig mit übrigem Öl verarbeiten.

+ Zum Servieren die Pancakes jeweils mit Gurkensalat und Lachs auf Teller verteilen und mit dem beiseitegestellten Dill garnieren.

Die Ernährungs-Docs

Wer Buchweizen regelmäßig verzehrt, tut Gutes für sein Herz: Das glutenfreie Pseudogetreide enthält reichlich sekundäre Pflanzenstoffe sowie Magnesium und Kupfer. Vor allem ist Buchweizen eine gute Quelle für Rutin, ein Antioxidans aus der Gruppe der Flavonoide. Es kann das Risiko einer Herzerkrankung verringern, indem es die Bildung von Blutgerinnseln und Entzündungen verhindert und den Blutdruck senkt. Denn: Rutin macht das Blut dünnflüssig und unterstützt damit den Blutfluss.

KLEINE GERICHTE

Dem Herz zuliebe ist jetzt Fitfood angesagt: frisches Gemüse, Hülsenfrüchte, Nüsse und gesunde Fette, kombiniert mit wenigen Carbs und dafür viel Eiweiß, das den Hunger vertreibt. Und bei Tomatensuppe, Linsenfrikadellen, Gemüse-Omelett oder Meeresfrüchtesalat kommt auch der Genuss garantiert nicht zu kurz.

Tomatensuppe mit Brokkoli

Für 2 Personen
Zubereitung: 45 Minuten

1 Zwiebel
1 Knoblauchzehe
400 g Tomaten
200 g Brokkoliröschen
100 g gelbe Cocktailtomaten
30 g italien. Hartkäse
(z. B. Grana padano)
2 Basilikumstiele
1 EL natives Olivenöl extra
1 EL Tomatenmark
½ l glutenfreie Gemüsebrühe
1 EL Sonnenblumenkerne
Salz, Pfeffer aus der Mühle

Nährwerte pro Portion: 270 kcal, 14 g EW, 16 g F, 14 g KH, 8 g BST, 4,4 g MUFS

+ Die Zwiebel und den Knoblauch schälen und separat in feine Würfel schneiden. Die Tomaten kreuzweise einritzen, überbrühen, häuten, vierteln und entkernen. Das Fruchtfleisch in grobe Würfel schneiden. Den Brokkoli waschen. Die Cocktailtomaten waschen und halbieren. Den Käse mit dem Sparschäler in Späne hobeln oder grob reiben. Das Basilikum waschen, trocken tupfen und die Blätter abzupfen.

+ Das Öl in einem Topf erhitzen und die Zwiebel darin bei mittlerer Hitze 2 bis 3 Minuten andünsten. Knoblauch dazugeben und 1 Minute mitdünsten. Tomatenmark und gewürfelte Tomaten hinzufügen, etwa 1 Minuten weiterdünsten. Brühe angießen und alles aufkochen. Die Suppe mit geschlossenem Deckel etwa 10 Minuten köcheln lassen.

+ Inzwischen die Sonnenblumenkerne in einer Pfanne ohne Fett hell rösten. Herausnehmen und abkühlen lassen. Die Brokkoliröschen in der Suppe 3 bis 4 Minuten garen. Danach die Cocktailtomaten dazugeben und nur kurz erhitzen.

+ Zum Servieren die Suppe mit Salz und Pfeffer abschmecken und auf tiefe Teller oder Schalen verteilen. Mit Käse und Sonnenblumenkernen bestreuen und mit Basilikum garnieren.

Die Ernährungs-Docs

Mit Tomatensuppe löffeln Sie ein wahres Herz-Elixier, denn in ihr steckt jede Menge Lycopin. Dieser sekundäre Pflanzenstoff wirkt antioxidativ und damit gegen versteckte Entzündungen im Körper. Eine gute Versorgung mit Lycopin – das der Körper besonders gut aus zerkleinerten und erhitzten Tomaten aufnehmen kann – fördert das „gute“ HDL-Cholesterin und reduziert das Risiko von Diabetes, koronarer Herzkrankheit und Arteriosklerose.

Blumenkohlcremesuppe mit Sellerie und Mandelmus

Für 2 Personen
Zubereitung: 35 Minuten

1 kleine Zwiebel
300 g Blumenkohl (ohne Grün)
100 g Knollensellerie
1 EL natives Olivenöl extra
30 g dunkles Mandelmus
½ l glutenfreie Gemüsebrühe
2 EL Mandelblättchen
2 Basilikumstiele
200 g Mandelsahne
Salz, Pfeffer aus der Mühle
Chiliflocken (Pul Biber)

Nährwerte pro Portion: 380 kcal, 10 g EW, 32 g F, 10 g KH, 9 g BST, 9,4 g MUFS

+ Die Zwiebel schälen und in feine Würfel schneiden. Den Blumenkohl putzen, waschen und in etwa 3 cm große Röschen teilen, die Stiele in Stücke schneiden. Den Sellerie putzen, schälen und in etwa 1 cm große Würfel schneiden.

+ Das Öl in einem Topf erhitzen und die Zwiebel darin bei mittlerer Hitze andünsten. Blumenkohl und Sellerie hinzufügen und etwa 3 Minuten mitdünsten. Das Mandelmus einrühren und die Brühe dazugießen. Alles mit geschlossenem Deckel aufkochen und bei mittlerer Hitze etwa 15 Minuten garen.

+ Inzwischen die Mandelblättchen in einer Pfanne ohne Fett hell rösten, herausnehmen und abkühlen lassen. Das Basilikum waschen, trocken tupfen und die Blätter abzupfen. Die Mandelsahne zum Blumenkohl geben. Alles unter Rühren kurz erhitzen und dann im Topf mit dem Stabmixer fein pürieren, mit Salz und Pfeffer abschmecken.

+ Zum Servieren die Suppe auf tiefe Teller oder Schalen verteilen und mit Chiliflocken und Mandeln bestreuen. Mit Basilikum garnieren.

Die Ernährungs-Docs

Knabbern Sie täglich 1 Handvoll Mandeln! Das beeinflusst die Blutfettwerte positiv, weil Mandeln das problematische LDL-Cholesterin und die Triglyceride senken können (siehe Seite 44). Wie genau die Steinfrüchte als Blutfettsenker wirken, ist noch nicht vollständig geklärt. Es liegt die Vermutung nahe, dass die Mischung aus sekundären Pflanzenstoffen, ungesättigten Fettsäuren und Ballaststoffen für die herzschützenden und blutdrucksenkenden Effekte verantwortlich ist. Auch wer abnehmen möchte, kann sich freuen: Mandeln bremsen Heißhunger aus und machen lange satt.

Grüne Gazpacho mit Croûtons

Für 2 Personen
Zubereitung: 20 Minuten
Kühlen: 1 Stunde

300 g Zucchini
200 g Salatgurke
100 g Brokkoliröschen
2 Frühlingszwiebeln
1 grüne Pfefferschote (Peperoni)
50 g junger Spinat
4 Petersilienstiele
2 EL Weißweinessig
3 EL natives Olivenöl extra
Salz, Pfeffer aus der Mühle
1 Scheibe Vollkornbrot (ca. 50 g)
1 Knoblauchzehe
½ Beet Gartenkresse

Nährwerte pro Portion: 270 kcal, 8 g EW, 16 g F, 20 g KH, 8 g BST, 2 g MUFS

+ Die Zucchini putzen, waschen und grob schneiden. Die Gurke putzen, waschen und grob würfeln. Brokkoli putzen und waschen. Die Frühlingszwiebeln putzen, waschen und das Weiße und Hellgrüne in dünne Ringe schneiden. Die Pfefferschote längs halbieren, putzen, waschen und in etwa 1 cm breite Stücke schneiden. Den Spinat verlesen, waschen und trocken tupfen, dabei grobe Stiele entfernen. Die Petersilie waschen, trocken tupfen, Blätter abzupfen und fein hacken.

+ Alle vorbereiteten Zutaten in einen hohen Rührbecher oder den Mixer geben. Essig, 2 EL Öl und 150 ml kaltes Wasser dazugeben und alles mit dem Stabmixer oder im Mixer cremig-fein pürieren. Falls die Gazpacho zu dickflüssig ist, noch etwas Wasser untermixen. Mit Salz und Pfeffer abschmecken und abgedeckt etwa 1 Stunde kühl stellen.

+ Die Brotscheibe etwa 1 cm groß würfeln. Die Knoblauchzehe ungeschält mit dem Messerrücken andrücken. Das übrige Öl in einer beschichteten Pfanne erhitzen und Brotwürfel und Knoblauch darin bei mittlerer Hitze 5 bis 7 Minuten unter Wenden anrösten, salzen und vom Herd nehmen, den Knoblauch wieder entfernen.

+ Zum Servieren die Kresse vom Beet abschneiden, waschen und trocken tupfen. Die Gazpacho auf Schalen oder tiefe Teller verteilen, mit den Knoblauch-Croûtons bestreuen und mit Kresse garnieren.

Die Ernährungs-Docs

Essen Sie täglich grünes Blattgemüse wie Spinat, Rucola, Feldsalat, Brokkoli, Grünkohl oder Mangold! Weil es reich an Mineralstoffen und Vitaminen (vor allem an Vitamin K) ist, kann das Grünzeug unsere Gefäßfunktionen verbessern. Außerdem liefert Grünes noch jede Menge Nitrat. Das wird im Körper in Stickstoffmonoxid umgewandelt und bewirkt Positives: Es stellt unsere Gefäße weit, verhindert Blutgerinnsel und senkt den Blutdruck.

Rote-Bete-Carpaccio mit Avocado

Für 2 Personen
Zubereitung: 35 Minuten

40 g Beluga-Linsen
200 g Rote Bete
1 Orange
1 kleine Avocado
40 g Rucola
2 EL Weißweinessig
1 TL glutenfreier scharfer Senf
Salz, Pfeffer aus der Mühle
2 EL natives Olivenöl extra
1 EL Walnusskerne
100 g körniger Frischkäse (Hüttenkäse, Halbfettstufe)

Nährwerte pro Portion: 420 kcal, 15 g EW, 24 g F, 28 g KH, 11 g BST, 4,9 g MUFS

+ Die Linsen in einem Sieb kurz abbrausen und in einem Topf in 100 ml Wasser bei mittlerer Hitze etwa 20 Minuten garen. Dann in ein Sieb abgießen und abtropfen lassen.

+ Inzwischen die Rote Bete putzen, schälen und auf der Gemüsereibe in hauchdünne Scheiben schneiden (dabei am besten Einweghandschuhe tragen, da die Knollen stark abfärben). Die Orange so großzügig schälen, dass auch die weiße Haut mit entfernt wird. Die Filets zwischen den einzelnen Trennhäuten herausschneiden, den austretenden Saft auffangen und den Rest der Orange gut ausdrücken. Die Avocado halbieren, den Kern entfernen, das Fruchtfleisch aus den Schalen lösen und quer in Scheiben schneiden. Den Rucola verlesen, waschen und trocken tupfen, dabei grobe Stiele entfernen.

+ Für das Dressing 3 EL aufgefangenen Orangensaft mit Essig, Senf, Salz, Pfeffer und Öl in einer kleinen Schüssel verquirlen. Die Nüsse in einer Pfanne ohne Fett hell rösten, vom Herd nehmen und abkühlen lassen, dann grob hacken.

+ Zum Servieren die Rote Bete überlappend auf Tellern auslegen. Orange, Avocado, Linsen und Rucola darauf verteilen, alles mit dem Dressing beträufeln und Frischkäse und Nüsse darüberstreuen.

Die Ernährungs-Docs

Vor allem roh und regelmäßig verzehrt, ist Rote Bete gut für Gefäße und Blutdruck. Ihr Pflanzenfarbstoff Betain kann hohe Homocysteinwerte, einen Risikofaktor für Herzkrankheiten, herabsetzen. Die blutdrucksenkende Wirkung der Roten Bete beruht auf einem hohen Gehalt an Nitraten, die durch den Speichel zu gefäßerweiterndem Nitrit umgebaut werden.

Linsenfrikadellen mit Tomaten-Rucola-Salat

Für 2 Personen
Zubereitung: 35 Minuten

100 g rote Linsen
1 Möhre
4 Petersilienstiele
40 g fettarmer Feta
(Schafskäse; 25 % Fett i. Tr.)
2 EL Dinkelvollkornmehl
1 Ei (Größe M)
2 TL Tomatenmark
½ TL gemahlener Kreuzkümmel
½ TL rosenscharfes Paprikapulver
Salz, Pfeffer aus der Mühle
300 g kleine Strauchtomaten
100 g Rucola
1 Schalotte
2 EL Aceto balsamico
2 EL natives Olivenöl extra
2 EL Olivenöl zum Braten
100 g griech. Joghurt (2 % Fett)

Nährwerte pro Portion: 590 kcal, 27 g EW, 31 g F, 47 g KH, 8 g BST, 3,1 g MUFS

+ Für die Bratlinge die Linsen in einem Sieb abbrausen und in einem Topf in kochendem Wasser etwa 10 Minuten garen, bis sie zerfallen. In ein Sieb abgießen und abtropfen lassen.

+ Inzwischen die Möhre putzen, schälen und auf der Gemüsereibe grob raspeln. Die Petersilie waschen, trocken tupfen, die Blätter abzupfen und fein hacken. Den Feta in sehr kleine Würfel schneiden oder mit einer Gabel zerdrücken. Die gegarten Linsen mit Möhre, Petersilie, Mehl, Ei und Tomatenmark verrühren und mit Kreuzkümmel, Paprika, Salz und Pfeffer würzen, den Feta untermischen. Aus der Masse mit angefeuchteten Händen 6 Bratlinge formen.

+ Für den Salat Tomaten waschen und in Spalten schneiden, dabei die Stielansätze entfernen. Rucola verlesen, waschen und trocken tupfen, dabei grobe Stiele entfernen. Die Schalotte schälen und fein würfeln. Für die Vinaigrette Essig, 2 EL Wasser, Salz, Pfeffer und natives Olivenöl verrühren, mit Tomaten, Rucola und Schalotte mischen.

+ Das Olivenöl zum Braten in einer großen beschichteten Pfanne erhitzen und die Bratlinge darin bei mittlerer Hitze auf jeder Seite etwa 3 Minuten braten. Herausnehmen und mit dem Salat auf Teller verteilen. Den Joghurt glatt rühren und dazu reichen.

Die Ernährungs-Docs

„Bitter im Mund, dem Herzen gesund" lautet ein altes Sprichwort. Im Rucola sind Senfölglykoside für die Bitternote verantwortlich – Inhaltsstoffe, die auch in Endivien, Löwenzahn, Chicorée oder Radicchio stecken und antioxidativ wirken. Sie schützen vor Zellschäden und chronischen Entzündungen und sollen einer Studie zufolge positiv auf die Gefäßwand der Halsschlagader wirken.

Feldsalat mit Ofenkürbis und Tahin-Dressing

Für 2 Personen
Zubereitung: 40 Minuten

½ kleiner Hokkaidokürbis (ca. 500 g)
2 EL raffiniertes Rapsöl
2 EL Orangensaft
½ TL Chiliflocken (Pul Biber)
Salz
½ Bio-Zitrone
1 säuerlicher Apfel (z. B. Boskoop)
1 kleiner Radicchio
50 g Feldsalat
25 g Kürbiskerne
100 g ungesüßter Natur-Sojaghurt
30 g Tahin (Sesampaste)
Pfeffer aus der Mühle
½ Bund Schnittlauch

Nährwerte pro Portion: 400 kcal, 13 g EW, 24 g F, 27 g KH, 11 g BST, 8,7 g MUFS

+ Den Backofen auf 220 °C vorheizen, dabei eine große Auflaufform (ca. 20 × 30 cm) auf der mittleren Schiene mit aufheizen. Kürbis waschen, Kerne entfernen, Kürbisfleisch erst in 2 bis 3 cm dicke Spalten, dann in 3 bis 4 cm große Stücke schneiden. In einer Schüssel Öl, Orangensaft, Chiliflocken und Salz verrühren und die Kürbisstücke darin wenden. Kürbis samt Marinade in der vorgeheizten Form verteilen und im Ofen auf der mittleren Schiene etwa 20 Minuten garen.

+ Inzwischen Zitrone heiß waschen, abtrocknen und 1 TL Schale fein abreiben, die Zitrone auspressen. Apfel waschen, vierteln, entkernen und in Stücke schneiden, sofort mit 1 EL Zitronensaft beträufeln, damit sich der Apfel nicht bräunlich verfärbt. Vom Radicchio äußere Blätter entfernen. Den Salat in die einzelnen Blätter teilen, waschen, trocken schleudern und in mundgerechte Stücke zupfen. Feldsalat verlesen, waschen und trocken schleudern. Die Kürbiskerne in einer Pfanne ohne Fett hell rösten, herausnehmen und abkühlen lassen.

+ Den Kürbis aus dem Ofen nehmen und lauwarm abkühlen lassen. Für das Dressing Sojaghurt, Tahin, 3 bis 4 EL Wasser, 1 EL Zitronensaft und -schale glatt rühren. Mit Salz und Pfeffer kräftig würzen.

+ Zum Servieren Apfel, Radicchio, Feldsalat und Kürbis auf Teller verteilen und mit je 4 EL Dressing beträufeln. Schnittlauch waschen, trocken tupfen und in feine Röllchen schneiden, mit den Kürbiskernen über den Salat streuen. Übriges Dressing dazu reichen.

Mediterraner Gemüse-Nudel-Salat

Für 2 Personen
Zubereitung: 40 Minuten

1 schmale Aubergine (ca. 250 g)
Salz
150 g grüne Bohnen
120 g Vollkornnudeln
(z. B. Farfalle)
1 EL Olivenöl zum Braten
1 EL kleine Kapern
(Nonpareilles; aus dem Glas)
50 g getr. Tomaten (in Öl)
½ Zitrone
Pfeffer aus der Mühle
1 EL natives Olivenöl extra
100 g fettarme Mini-Mozzarella-Kugeln (mind. 20 % Fett i. Tr.)
4 Basilikumstiele

Nährwerte pro Portion: 420 kcal, 19 g EW, 14 g F, 48 g KH, 12 g BST, 2 g MUFS

+ Die Aubergine putzen, waschen und in etwa 2 cm große Würfel schneiden, salzen und etwa 10 Minuten ziehen lassen. Inzwischen die Bohnen putzen, waschen und halbieren. Nudeln in reichlich kochendem Salzwasser nach Packungsanweisung bissfest garen. Dabei nach der Hälfte der Garzeit die Bohnen zu den Nudeln geben und mitkochen. Den Nudel-Bohnen-Mix in ein Sieb abgießen, kalt abschrecken und abtropfen lassen.

+ In einer großen (Grill-)Pfanne das Olivenöl zum Braten erhitzen. Die Auberginenwürfel trocken tupfen und im Öl bei mittlerer bis starker Hitze etwa 5 Minuten unter Wenden rundum hell anbraten. Herausnehmen und abkühlen lassen.

+ Für das Dressing die Kapern abtropfen lassen und fein hacken. Tomaten abtropfen lassen und in Streifen schneiden, das Tomateneinlegeöl auffangen. Die Zitronenhälfte auspressen und mit 2 EL kaltem Wasser, Salz und Pfeffer verquirlen. Das native Olivenöl und das Tomateneinlegeöl unterschlagen, Kapern und Tomaten untermischen.

+ Zum Servieren die Mozzarella-Kugeln abtropfen lassen und nach Belieben halbieren. Mit Bohnen-Nudel-Mix und Aubergine unter das Dressing heben, den Salat salzen und pfeffern. Basilikum waschen, trocken tupfen, Blätter abzupfen und über den Salat streuen.

Die Ernährungs-Docs

Grüne Bohnen liefern reichlich Kalium und Magnesium – im Team wirken die beiden Mineralstoffe wie ein natürlicher Herzschrittmacher. Sie verbessern die Herzleistung und regulieren den Herzrhythmus. Wer seine Speicher regelmäßig mit sanft entwässerndem Kalium auffüllt, senkt seinen Blutdruck – das konnte in Studien nachgewiesen werden. Übrigens: Auch Spinat und grüne Salatsorten sind gute Kalium- und Magnesiumquellen.

Gemüse-Omelett mit Kerbeldip

Für 2 Personen
Zubereitung: 45 Minuten

2 Möhren
1 kleiner Kohlrabi
100 g Zuckerschoten
50 g tiefgekühlte Erbsen
1 EL natives Olivenöl extra
Salz, Pfeffer aus der Mühle
½ TL abgeriebene Bio-Zitronenschale
4 Eier (Größe M)
2–3 EL Milch (1,5 % Fett)
2 TL Butter
5 Kerbelstiele
100 g Ziegenfrischkäse
2 TL Zitronensaft

Nährwerte pro Portion: 410 kcal, 24 g EW, 24 g F, 19 g KH, 8 g BST, 2,8 g MUFS

+ Möhren und Kohlrabi putzen und schälen, die Möhren in Scheiben, den Kohlrabi in Würfel schneiden. Die Zuckerschoten putzen, waschen und schräg halbieren. Die Erbsen antauen lassen. Möhren und Kohlrabi mit 3 EL Wasser in einem großen Topf im Öl mit geschlossenem Deckel bei schwacher bis mittlerer Hitze etwa 6 Minuten dünsten. Die Zuckerschoten und Erbsen dazugeben und etwa 3 Minuten mitdünsten. Dann alles mit Salz, Pfeffer und 1 Prise Zitronenschale würzen, abgedeckt warm halten.

+ Inzwischen den Backofen auf 80 °C vorheizen. Die Eier trennen, die Eiweiße mit 1 Prise Salz steif schlagen. Die Eigelbe mit der Milch verquirlen, salzen und pfeffern und den Eischnee mit einem Teigschaber vorsichtig unterheben. In einer kleinen beschichteten Pfanne (ca. 20 cm Durchmesser) 1 TL Butter erhitzen, die Hälfte der Omelettmasse darin verteilen und bei schwacher Hitze 3 bis 4 Minuten stocken lassen. Das Omelett wenden und 2 bis 3 Minuten fertig backen. Auf einem Teller im Ofen warm halten. Aus der übrigen Omelettmasse und der restlichen Butter ein zweites Omelett garen.

+ Währenddessen für den Dip Kerbel waschen, trocken tupfen und die Blätter abzupfen. Einige Blätter zum Garnieren beiseitelegen, den Rest fein hacken und mit Ziegenfrischkäse, übriger Zitronenschale und -saft verrühren, salzen und pfeffern. Zum Servieren die Omeletts auf Teller setzen und mit dem Gemüse belegen, mit dem beiseitegelegten Kerbel bestreuen und den Dip dazu reichen.

Die Ernährungs-Docs

In diesem Omelett stecken drei Antioxidantien, die sich in ihrer Wirkung potenzieren: Beta-Carotin in Möhren, Vitamin C in Kohlrabi und Zuckerschoten sowie Vitamin E in Eiern. Alle drei Stoffe fangen freie Radikale im Körper ab, die die Oxidation von Blutfetten auslösen und so eine Arterienverkalkung begünstigen können.

SALT

Power aus dem Glas

Für alle, die gern flüssige Energie tanken, gibt es hier vier herzgesunde Smoothies, die in maximal einem Viertelstündchen gemixt sind. Ob fruchtig oder mild-pikant, die vitalstoffreichen Drinks bringen den Kreislauf so richtig auf Touren.

Himbeer-Tahin-Shake

Für 2 Gläser (à ca. 300 ml Inhalt): **200 g Himbeeren** verlesen und waschen. **2 getr. Feigen** würfeln, mit Himbeeren, **2 EL Tahin (Sesampaste), 2 TL Zitronensaft, 2 EL zarten Haferflocken, ¼ l ungesüßtem Mandeldrink** und **100 ml stillem Mineralwasser** im Standmixer feincremig pürieren. Zum Servieren auf Gläser verteilen.

Nährwerte pro Glas: 290 kcal,
8 g EW, 12 g F, 29 g KH, 9 g BST, 5 g MUFS

Sanddorn-Clementinen-Kefir

Für 2 Gläser (à ca. 300 ml Inhalt): **2 Clementinen** schälen und in die einzelnen Segmente teilen. Dann mit **4 EL Sanddorn-Vollfrucht mit Honig (aus dem Reformhaus), ½ TL gemahlener Kurkuma, 1 Prise Pfeffer aus der Mühle** und **300 ml reiner Buttermilch (max. 1 % Fett)** im Standmixer auf höchster Stufe etwa 30 Sekunden pürieren. Zum Servieren auf Gläser verteilen.

Nährwerte pro Glas: 140 kcal,
6 g EW, 2 g F, 21 g KH, 1 g BST, 0,9 g MUFS

Grünkohl-Ingwer-Smoothie

Für 2 Gläser (à ca. 300 ml Inhalt): **120 g Grünkohl** putzen, waschen und in grobe Stücke zupfen (ersatzweise 100 g tiefgekühlten Grünkohl auftauen lassen). **1 Apfel** waschen, vierteln, entkernen und grob würfeln. **½ kleine Banane** schälen und in grobe Stücke schneiden. **10 g Ingwer** schälen und fein reiben. Alles mit **30 g Cashewkernen, 2 TL Limettensaft, 2 TL kalt gepresstem Leinöl** und **300 ml Kokoswasser** im Standmixer auf höchster Stufe fein pürieren. Zum Servieren auf Gläser verteilen.

Nährwerte pro Glas: 250 kcal,
6 g EW, 13 g F, 26 g KH, 4 g BST, 5,1 g MUFS

Pikanter Paprika-Smoothie

Für 2 Gläser (à ca. ¼ l Inhalt): **1 Mini-Salatgurke, 2 rote Spitzpaprikaschoten (ca. 150 g)** und **1 Frühlingszwiebel** putzen, waschen und grob schneiden. Alles mit **1 EL Mandeln, 100 g passierten Tomaten (aus der Dose), 1 EL Zitronensaft, 1 EL nativem Olivenöl extra** und **100 ml stillem Mineralwasser** im Standmixer auf höchster Stufe fein pürieren. Mit **Salz, Pfeffer aus der Mühle** und **Chiliflocken (Pul Biber)** abschmecken. Zum Servieren auf Gläser verteilen.

Nährwerte pro Glas: 115 kcal,
3 g EW, 8 g F, 6 g KH, 3 g BST, 1,3 g MUFS

Nizzasalat mit Bohnen und Räuchermakrele

Für 2 Personen
Zubereitung: 35 Minuten

2 Eier (Größe M)
125 g tiefgekühlte Dicke Bohnen (ungewürzt; ersatzweise tiefgekühlte Edamame)
Salz
½ Kopfsalat (ca. 200 g)
1 gelbe Paprikaschote
1 Mini-Salatgurke (ca. 150 g)
2 Tomaten
125 g geräuchertes Makrelenfilet (mit Haut)
2 EL Zitronensaft
Pfeffer aus der Mühle
2 EL natives Olivenöl extra
1 kleine Knoblauchzehe
30 g schwarze Oliven
½ Bund Petersilie

Nährwerte pro Portion: 590 kcal, 36 g EW, 34 g F, 25 g KH, 23 g BST, 6,5 g MUFS

+ Die Eier in kochendem Wasser etwa 10 Minuten hart kochen, dann herausnehmen und kalt abschrecken. Inzwischen die Dicken Bohnenkerne in kochendem Salzwasser 1 bis 2 Minuten garen, in ein Sieb abgießen, kalt abschrecken und abtropfen lassen. Die Kerne mit den Fingern aus den Häutchen drücken.

+ Vom Salat die äußeren Blätter entfernen. Den Salat in die einzelnen Blätter teilen, waschen, trocken schleudern und in mundgerechte Stücke zupfen. Die Paprika längs halbieren, putzen, waschen und in 1 bis 2 cm große Stücke schneiden. Die Gurke putzen, waschen und in etwa ½ cm dünne Scheiben schneiden. Die Tomaten waschen und in Spalten schneiden, dabei die Stielansätze entfernen. Das Makrelenfilet häuten und mit einer Gabel in Stücke zupfen. Die Eier pellen und längs vierteln.

+ Für das Dressing Zitronensaft, 2 EL Wasser, Salz und Pfeffer verquirlen. Das Öl nach und nach unterschlagen. Die Knoblauchzehe schälen und dazupressen. Die Oliven abtropfen lassen. Die Petersilie waschen, trocken tupfen, die Blätter abzupfen und fein hacken.

+ Zum Servieren Salat, Paprika, Gurke, Tomaten, Bohnen, Makrele und Eier auf Teller verteilen und mit Oliven und Petersilie bestreuen. Das Dressing darüberträufeln.

Die Ernährungs-Docs

Der Verzehr von 3 bis 4 Portionen Hülsenfrüchten pro Woche geht neuesten Erkenntnissen zufolge mit einem geringeren Risiko für koronare Herzkrankheit, verbesserten Blutzuckerwerten und einer Senkung des Blutdrucks einher.

Meeresfrüchtesalat mit Gemüse

Für 2 Personen
Zubereitung: 30 Minuten
Auftauen: 1 Stunde

300 g tiefgekühlte Meeresfrüchte (Frutti di mare)
250 g grüner Spargel
Salz
125 g gegrillte Paprikaschoten (rot und gelb; aus dem Glas)
1 rote Zwiebel
½ Bund Petersilie
2 Basilikumstiele
2 EL Zitronensaft
1 EL Aceto balsamico bianco
½ TL glutenfreier Dijon-Senf
Pfeffer aus der Mühle
3 EL natives Olivenöl extra
1 Knoblauchzehe
1 EL Olivenöl zum Braten

Nährwerte pro Portion: 390 kcal, 29 g EW, 23 g F, 13 g KH, 4 g BST, 2,3 g MUFS

+ Die Meeresfrüchte bei Zimmertemperatur etwa 1 Stunde auftauen lassen. Dann in einem Sieb kalt abbrausen und trocken tupfen.

+ Inzwischen den Spargel waschen, im unteren Drittel schälen und die holzigen Enden abschneiden. Die Stangen schräg in dünne Scheiben schneiden. In kochendem Salzwasser etwa 2 Minuten blanchieren, in ein Sieb abgießen und abtropfen lassen, dabei 2 bis 3 EL Kochwasser auffangen. Die Grillpaprika abtropfen lassen und in Streifen schneiden. Die Zwiebel schälen, halbieren und in feine Streifen schneiden. Die Kräuter waschen und trocken tupfen, die Blätter abzupfen und grob hacken.

+ Für das Dressing Zitronensaft, Essig, Senf, Salz, Pfeffer, aufgefangenes Spargelkochwasser und natives Olivenöl verrühren. Den Knoblauch schälen und fein würfeln. Die Meeresfrüchte in einer Pfanne im Olivenöl zum Braten bei starker Hitze etwa 2 Minuten unter Wenden anbraten. Den Knoblauch hinzufügen und etwa 1 Minute mitbraten. Alles herausnehmen und in einer Salatschüssel mit Spargel, Paprika, Zwiebel, Kräutern und Dressing mischen.

+ Zum Servieren den Salat auf Teller verteilen. Dazu passt pro Person noch 1 Scheibe Dinkel-Walnuss-Ciabatta (siehe Seite 74) oder Vollkornbaguette – dann ist das Gericht jedoch nicht mehr glutenfrei.

Die Ernährungs-Docs

Genießen Sie Krusten- und Schalentiere wie Garnelen, Shrimps und Muscheln nur ab und zu, denn in ihnen steckt viel Cholesterin: 100 Gramm Garnelen enthalten rund 165 Milligramm. Wer an einer Fettstoffwechselstörung leidet, sollte Meeresfrüchte daher besser meiden. Denn dann können Cholesterin und Triglyceride im Blut erhöht sein und die Entstehung von Herz-Kreislauf-Erkrankungen begünstigen.

Algen-Sobanudel-Salat mit Garnelen

Für 2 Personen
Zubereitung: 30 Minuten

100 g glutenfreie Sobanudeln (aus 100 % Buchweizenmehl; aus Asia- oder Bioladen)
Salz
150 g rohe Garnelen (geschält)
10 g Ingwer
2 TL ungeschälte Sesamsamen
150 g frische Wakame-Algen (ersatzweise getrocknete Algen; siehe Info)
½ Salatgurke (ca. 200 g)
2 EL heller Reisessig
2 EL glutenfreie Sojasauce (z. B. Tamari)
1 TL geröstetes Sesamöl
2 EL natives Olivenöl extra
Pfeffer aus der Mühle
1 rote Chilischote
4–5 Koriandergrünstiele

Nährwerte pro Portion: 440 kcal, 27 g EW, 18 g F, 39 g KH, 5 g BST, 5 g MUFS

+ Die Nudeln in Salzwasser nach Packungsanweisung bissfest garen. In ein Sieb abgießen, kalt abschrecken und abtropfen lassen. Inzwischen Garnelen in einem Sieb kalt abbrausen und gut abtropfen lassen. Ingwer schälen, fein würfeln und mit den Garnelen mischen. Sesam in einer Pfanne ohne Fett hell rösten, herausnehmen und abkühlen lassen. Algen in einem Sieb gut abbrausen und abtropfen lassen. Gurke putzen, waschen, streifig schälen, dann längs halbieren. Die Hälften entkernen und in etwa 4 cm lange Streifen schneiden.

+ Für das Dressing Essig, Sojasauce, Sesamöl und 1 EL Olivenöl in einer Salatschüssel verrühren, mit Pfeffer würzen. Die Chilischote längs halbieren, putzen, waschen und fein würfeln. Den Koriander waschen, trocken tupfen, die Blätter abzupfen und grob hacken.

+ Sobanudeln, Algen, Gurke, Chilischote und Koriander unter das Dressing mischen und den Salat auf Teller oder Schalen verteilen. Die Garnelen in einer Pfanne im übrigen Olivenöl bei mittlerer Hitze auf jeder Seite 2 bis 3 Minuten braten. Herausnehmen, auf den Salat setzen und mit dem gerösteten Sesam bestreuen.

Die Ernährungs-Docs

Wakame, Kombu, Nori und Co.: Meeresalgen werden bei uns als gesunde Nahrungsquelle immer beliebter. Sie stecken voller Eiweiß, Omega-3-Fettsäuren, Chlorophyll und Ballaststoffe und liefern neben vielen Mineralstoffen (wie Kalzium, Magnesium, Zink, Selen, Eisen) auch wichtige Vitamine (A, C, E, B_{12}). Vor allem sind Algen eine der besten Jodquellen (siehe Seite 40). Unsere Schilddrüse braucht Jod, um die Hormone T3 und T4 zu bilden. Diese beeinflussen die Zellteilung, aktivieren den Energiestoffwechsel und fördern die Gehirnentwicklung.

Linsen-Bowl mit Matjes

Für 2 Personen
Zubereitung: 45 Minuten

100 g Berglinsen
1 Lorbeerblatt
1 rote Zwiebel
4 EL Rotweinessig
2 EL Aceto balsamico
Salz, Pfeffer aus der Mühle
2 EL kalt gepresstes Rapsöl
1 säuerlicher Apfel (z. B. Elstar)
250 g Rote Bete
(vorgegart und vakuumiert)
200 g Matjesfilets
100 g griech. Joghurt (2 % Fett)
2 TL geriebener Meerrettich
1 Beet Gartenkresse

Nährwerte pro Portion: 660 kcal, 33 g EW, 35 g F, 46 g KH, 14 g BST, 7,3 g MUFS

+ Die Linsen in einem Sieb abbrausen und in einem Topf mit dem Lorbeerblatt in kochendem Wasser 20 bis 25 Minuten bissfest garen. In ein Sieb abgießen, abschrecken und gut abtropfen lassen.

+ Inzwischen die Zwiebel schälen und fein würfeln. Für die Vinaigrette beide Essigsorten, 2 EL Wasser, Salz und Pfeffer in einer Salatschüssel verrühren und das Öl nach und nach unterschlagen. Erst die Zwiebelwürfel, dann die Linsen unter die Vinaigrette mischen und alles etwa 10 Minuten ziehen lassen.

+ Währenddessen den Apfel waschen, vierteln, entkernen und die Viertel längs in dünne Scheiben schneiden. Rote Bete in etwa 1 cm große Würfel schneiden (dabei am besten Einweghandschuhe tragen, da die Knollen stark abfärben). Matjesfilets trocken tupfen und schräg in etwa 2 cm breite Streifen schneiden. Den Joghurt mit dem Meerrettich verrühren, salzen und pfeffern.

+ Zum Servieren die marinierten Linsen auf Schalen (Bowls) verteilen und Apfel, Rote Bete, Matjes und Meerrettichdip darauf nebeneinander anrichten. Die Kresse vom Beet abschneiden, waschen und trocken tupfen. Dann auf die Bowls streuen.

Die Ernährungs-Docs

Omega-3-Fettsäuren im Hering und in anderen fettreichen Seefischen wie Lachs und Makrele bringen das Herz auf Trab. Sie sind Bausteine der Zellmembranen, halten die Hüllen der Zellen geschmeidig und sorgen dafür, dass der Körper viele gute Eicosanoide bildet. Diese hormonähnlichen Stoffe senken den Blutdruck, reduzieren Entzündungen und beugen Blutgerinnseln vor. Dafür werden zwei- bis dreimal pro Woche fette Seefische empfohlen. Wer den Fischkonsum aus ökologischen Gründen einschränken möchte, kann zur Versorgung mit Omega-3-Fettsäuren auf Algenöl zurückgreifen.

Gegrillter Thunfisch mit Tomatenvinaigrette

Für 2 Personen
Zubereitung: 30 Minuten

2 Zucchini (ca. 350 g)
3 EL Olivenöl zum Braten
4 Thymianzweige
Salz, Pfeffer aus der Mühle
1–2 EL Zitronensaft
2 Schalotten
250 g Tomaten
2 Basilikumstiele
2 EL natives Olivenöl extra
2 EL Aceto balsamico bianco
2 Thunfischmedaillons
(à ca. 150 g; ca. 3 cm dick;
auf das MSC-Gütesiegel achten!)
50 g junger Spinat

Nährwerte pro Portion: 630 kcal, 38 g EW, 49 g F, 8 g KH, 4 g BST, 9,9 g MUFS

+ Zucchini putzen, waschen und schräg in etwa 1 cm dicke Scheiben schneiden. In einer Schüssel mit 2 EL Öl zum Braten mischen. Den Thymian waschen, trocken tupfen, die Blätter abzupfen und fein hacken. Eine (Grill-)Pfanne stark erhitzen und die Zucchinischeiben darin portionsweise auf jeder Seite 2 bis 3 Minuten braten, mit Salz und Pfeffer würzen. Herausnehmen, in eine flache Form legen und mit Zitronensaft und Thymian mischen.

+ Für die Vinaigrette die Schalotten schälen und fein würfeln. Die Tomaten waschen und klein würfeln, dabei Stielansätze entfernen und Kerne beiseitelegen. Das Basilikum waschen, trocken tupfen, Blätter abzupfen und fein hacken. Die Schalotten in einem kleinen Topf im nativen Öl bei mittlerer Hitze etwa 2 Minuten andünsten. Essig und beiseitegelegte Tomatenkerne dazugeben, alles salzen und pfeffern. Tomatenwürfel und Basilikum untermischen und die Vinaigrette auf dem abgeschalteten Herd ziehen lassen.

+ Inzwischen den Thunfisch waschen, trocken tupfen, salzen und pfeffern. Das übrige Öl zum Braten in der (Grill-)Pfanne stark erhitzen und den Thunfisch darin auf jeder Seite 1 bis 2 Minuten anbraten. Herausnehmen und kurz ruhen lassen.

+ Zum Servieren den Spinat verlesen, waschen und trocken tupfen, mit den Zucchinischeiben auf Teller verteilen. Den Thunfisch in Scheiben schneiden und daraufsetzen, mit der Vinaigrette beträufeln.

Die Ernährungs-Docs

Achten Sie beim Einkauf von Thunfisch auf das MSC-Siegel (Marine Stewardship Council). Es garantiert schonende Fangmethoden, definierte Fangquoten und unabhängige Kontrollen.

Asia-One-Pot mit Steakstreifen

Für 2 Personen
Zubereitung: 45 Minuten

2 Schalotten
1 Knoblauchzehe
20 g Ingwer
1 rote Chilischote
1 EL helles Sesamöl
¾ l glutenfreie Gemüsebrühe
2–3 EL glutenfreie Sojasauce (z. B. Tamari)
1 große Möhre (ca. 100 g)
250 g Spitzkohl
3 Frühlingszwiebeln
200 g Minutensteaks vom Rind
150 g tiefgekühlte Edamame (junge, grüne Sojabohnen)
½ Bund Koriandergrün
50 g Kimchi (aus dem Kühlregal)
2 TL ungeschälte Sesamsamen

Nährwerte pro Portion: 465 kcal, 35 g EW, 23 g F, 46 g KH, 13 g BST, 9,5 g MUFS

+ Schalotten, Knoblauch und Ingwer schälen und in dünne Scheiben schneiden. Die Chilischote längs halbieren, putzen, waschen und grob hacken. Alles in einem Topf im Öl bei mittlerer Hitze etwa 2 Minuten andünsten. Dann die Brühe und 2 EL Sojasauce hinzufügen, die Würzbrühe aufkochen und mit geschlossenem Deckel bei mittlerer Hitze etwa 20 Minuten köcheln lassen.

+ Inzwischen die Möhre putzen, schälen und in feine Stifte schneiden. Den Spitzkohl putzen, waschen und in dünne Streifen schneiden. Die Frühlingszwiebeln putzen, waschen und das Weiße und Hellgrüne in dünne Ringe schneiden. Das Fleisch trocken tupfen und in dünne Streifen schneiden.

+ Die Brühe durch ein Sieb gießen und zurück in den Topf geben, die Gewürze entfernen. Die tiefgekühlten Edamame und die Möhre darin aufkochen und etwa 3 Minuten köcheln lassen. Dann Spitzkohl und Frühlingszwiebeln hinzufügen, weitere 2 Minuten garen. Mit der übrigen Sojasauce würzen und das Fleisch darin 1 bis 2 Minuten erhitzen.

+ Zum Servieren den Koriander waschen, trocken tupfen und die Blätter abzupfen. Die Suppe auf Schalen oder tiefe Teller verteilen und den Kimchi daraufsetzen, mit Koriander und Sesam bestreuen.

Die Ernährungs-Docs

Ingwer werden ähnliche Eigenschaften wie Aspirin zugesprochen: Die scharfe Wurzel lindert zum Beispiel Kopfschmerzen und wirkt entzündungshemmend. Außerdem senkt sie hohen Blutdruck, den Blutzuckerspiegel und das Cholesterin im Blut und beugt so Arterienverkalkung vor. 2 Gramm Ingwer täglich reichen, um die Blutfettwerte günstig zu beeinflussen. Dafür verantwortlich sind vor allem Gingerole, sekundäre Pflanzenstoffe mit großem antioxidativem Potenzial. Ingwer – eine Wunderwaffe für Herz und Kreislauf.

Bohnen-Fenchel-Salat mit Rosmarinhähnchen

Für 2 Personen
Zubereitung: 30 Minuten

300 g Hähnchenbrustfilet
Salz, Pfeffer aus der Mühle
1 EL Olivenöl zum Braten
2 kleine Rosmarinzweige
½ Bio-Orange
1 Fenchelknolle (ca. 300 g)
1 Dose weiße Bohnen
(250 g Abtropfgewicht)
1 kleine rote Zwiebel
200 g kleine Strauchtomaten
50 g Rucola
1 kleine rote Pfefferschote
(Peperoni)
2 EL Zitronensaft
1 EL natives Olivenöl extra

Nährwerte pro Portion: 480 kcal, 51 g EW, 13 g F, 35 g KH, 9 g BST, 2,1 g MUFS

+ Den Backofen auf 180 °C vorheizen. Hähnchenbrustfilet waschen, trocken tupfen und mit Salz und Pfeffer würzen. Das Öl zum Braten in einer ofenfesten Pfanne erhitzen, das Fleisch darin bei mittlerer bis starker Hitze auf jeder Seite etwa 2 Minuten hell anbraten. Die Rosmarinzweige waschen, trocken tupfen und dazugeben. Das Fleisch im Ofen auf der mittleren Schiene etwa 15 Minuten fertig garen (falls die Pfanne nicht ofenfest ist, den Pfannenstiel mit Alufolie umwickeln).

+ Währenddessen die Orangenhälfte heiß waschen, abtrocknen und die Schale abreiben, dann die Orange auspressen. Den Fenchel putzen, waschen und das Grün beiseitelegen. Den Fenchel vierteln und in sehr dünne Streifen schneiden, dabei den Strunk entfernen. Fenchelstreifen, Orangenschale und etwas Salz gut durchkneten, dann etwa 10 Minuten ziehen lassen.

+ Inzwischen die Bohnen in einem Sieb abbrausen und abtropfen lassen. Die Zwiebel schälen und in feine Würfel schneiden. Die Tomaten waschen und in Spalten schneiden, dabei die Stielansätze entfernen. Den Rucola verlesen, waschen und trocken tupfen, dabei grobe Stiele entfernen. Die Pfefferschote längs halbieren, putzen, waschen und in kleine Würfel schneiden.

+ Für das Dressing Orangen- und Zitronensaft, Salz, Pfeffer und natives Öl verrühren. Marinierten Fenchel, Bohnen, Zwiebel, Tomaten, Rucola und Peperoni untermischen, nochmals abschmecken. Das beiseitegelegte Fenchelgrün grob hacken und darüberstreuen.

+ Zum Servieren den Salat auf Teller verteilen. Das Hähnchenfleisch aus dem Ofen nehmen und kurz ruhen lassen, dann schräg in Scheiben schneiden und auf den Salat setzen.

Kleine Genüsse mit 5 Zutaten

Sie haben keine Zeit einzukaufen? Kein Problem! Gesund kochen gelingt auch im Turbogang: Mit nur 5 Zutaten können Sie im Nu etwas Leckeres auf den Teller zaubern. Salz und Pfeffer? Die haben Sie garantiert daheim. Freuen Sie sich auf leichte Fitmacher!

Gemüsenudeln mit Käse

Für 2 Personen: **250 g Möhren** und **2 Zucchini (à ca. 200 g)** putzen und schälen bzw. waschen. Beides mit dem Spiralschneider in dünne Streifen schneiden. **200 g Cocktailtomaten** waschen und halbieren. **40 g Grana padano** grob raspeln. Möhren in einer großen Pfanne in **3 EL nativem Olivenöl extra** bei mittlerer Hitze etwa 3 Minuten unter Wenden andünsten. Zucchini etwa 3 Minuten mitdünsten, mit **Salz** und **Pfeffer aus der Mühle** würzen. Tomaten dazugeben und 2 bis 3 Minuten mitdünsten. Zum Servieren mit Käse bestreuen.

Nährwerte pro Portion: 305 kcal,
12 g EW, 21 g F, 13 g KH, 6 g BST, 1,9 g MUFS

Schnippelbohnen in Tomatensauce

Für 2 Personen: **500 g breite Bohnen** putzen, waschen und schräg in Stücke schneiden. **1 rote Zwiebel** und **1 Knoblauchzehe** schälen, fein würfeln und in einem großen Topf in **2 EL nativem Olivenöl extra** etwa 3 Minuten andünsten. **1 Dose stückige Tomaten (400 g)** und 100 ml Wasser hinzufügen, alles aufkochen und offen bei mittlerer Hitze etwa 5 Minuten köcheln lassen, **salzen** und **pfeffern.** Die Bohnen dazugeben und mit geschlossenem Deckel bei schwacher Hitze 20 bis 25 Minuten garen. Zum Servieren nochmals abschmecken.

Nährwerte pro Portion: 210 kcal,
7 g EW, 11 g F, 17 g KH, 7 g BST, 1,4 g MUFS

Lachs-Pimientos-Spieße vom Grill

Für 2 Personen: **1 TL abgeriebene Bio-Limettenschale** und **2 EL Olivenöl zum Braten** mischen. **250 g Lachsfilet** waschen, trocken tupfen und in etwa 3 cm große Stücke schneiden. **200 g kleine Bratpaprikaschoten (Pimientos de Padrón)** waschen. Lachs und Bratpaprika mit dem Limettenöl mischen und darin etwa 30 Minuten marinieren. Dann abwechselnd auf Holzspieße stecken, **salzen** und **pfeffern.** Die Spieße in einer (Grill-)Pfanne bei mittlerer bis starker Hitze rundum 4 bis 5 Minuten braten. Zum Servieren **150 g griech. Joghurt (2 % Fett)** mit **1 bis 2 EL Limettensaft,** Salz und Pfeffer aus der Mühle verrühren und als Dip zu den Grillspießen reichen.

Nährwerte pro Portion: 365 kcal,
27 g EW, 26 g F, 5 g KH, 2 g BST, 5,2 g MUFS

Kalte Gurken-Joghurt-Suppe mit Minze

Für 2 Personen: **50 g Mandeln** grob hacken und in einer Pfanne ohne Fett hell rösten, herausnehmen und abkühlen lassen. ½ **Salatgurke (ca. 200 g)** putzen, waschen und grob schneiden. **1 EL Minzeblätter** waschen. Gurke, Minze, 25 g Mandeln, **300 g Naturjoghurt (1,5 % Fett)** und 125 ml Wasser im Standmixer erst auf niedrigster, dann auf höchster Stufe 1 bis 2 Minuten cremig-fein pürieren. Mit ½ **TL gemahlenem Kreuzkümmel, Salz** und **Pfeffer aus der Mühle** würzen. Zum Servieren die Suppe auf tiefe Teller oder Schalen verteilen, mit den übrigen Mandeln bestreuen und mit mehr Minzeblättern garnieren.

Nährwerte pro Portion: 245 kcal,
12 g EW, 16 g F, 10 g KH, 4 g BST, 3 g MUFS

HAUPTGERICHTE

Es ist Mittag oder Abend und höchste Zeit, Ihre Akkus aufzuladen? Dann haben Sie die Wahl zwischen Minestrone, Kürbis-Bolognese, Lachs mit Spargel und anderen Köstlichkeiten. Alle Sattmacher punkten mit „guten" Kohlenhydraten sowie Kräutern und Gewürzen statt Salz. Und stärken mit gesundem Fett und Antioxidantien Ihr Herz.

Frühlings-Minestrone mit Gremolata

Für 2 Personen
Zubereitung: 35 Minuten

80 g Dinkel-wie-Reis
Salz
1 Zwiebel
2 Möhren
1 kleiner Kohlrabi
250 g grüner Spargel
2 EL natives Olivenöl extra
800 ml Gemüsebrühe
1 Dose Cocktailtomaten (400 g)
2 Thymianzweige
Pfeffer aus der Mühle
2 EL Mandeln
1 Knoblauchzehe
½ Bund Petersilie
½ Bio-Zitrone
1 Dose Wachtelbohnen (ersatzweise weiße Bohnen; 250 g Abtropfgewicht)

Nährwerte pro Portion: 605 kcal, 27 g EW, 23 g F, 62 g KH, 17 g BST, 6 g MUFS

+ Den Dinkel in Salzwasser nach Packungsanweisung bissfest garen. Danach in ein Sieb abgießen und abtropfen lassen. Inzwischen die Zwiebel schälen und in feine Streifen schneiden. Die Möhren putzen, schälen, längs halbieren und schräg in Scheiben schneiden. Den Kohlrabi putzen, schälen und etwa 1 cm groß würfeln. Den Spargel waschen und im unteren Drittel schälen, die holzigen Enden abschneiden. Die Stangen schräg in etwa 3 cm lange Stücke schneiden.

+ Zwiebel, Möhren, Kohlrabi und Spargel in einem Topf im Öl bei mittlerer Hitze etwa 3 Minuten andünsten. Brühe, Tomaten und Thymianzweige hinzufügen, salzen und pfeffern. Alles aufkochen und mit geschlossenem Deckel bei mittlerer Hitze 8 bis 10 Minuten garen.

+ Währenddessen für die Gremolata die Mandeln grob hacken. Den Knoblauch schälen und sehr fein würfeln. Die Petersilie waschen, trocken tupfen, die Blätter abzupfen und fein hacken. Die Zitrone heiß waschen, abtrocknen und die Schale fein abreiben. Alles mischen.

+ Die Bohnen in einem Sieb abbrausen und abtropfen lassen. Mit dem Dinkel in der Suppe kurz erhitzen. Zum Servieren die Suppe mit Salz und Pfeffer würzen und auf tiefe Teller oder Schalen verteilen. Je 1 EL Gremolata darüberstreuen, den Rest separat dazu reichen.

Die Ernährungs-Docs

Bei Olivenöl ist die Kennzeichnung „nativ extra" wichtig, denn diese Ölqualität wird schonend bei Temperaturen unter 40 °C gepresst. So bleiben die wertvollen Inhaltsstoffe erhalten. Für das Erhitzen in Topf oder Pfanne eignen sich grundsätzlich alle Öle, die einen höheren Rauchpunkt besitzen und bei denen deshalb keine schädlichen Transfettsäuren freigesetzt werden.

Gemüsewok mit Quinoa und Cashewkernen

Für 2 Personen
Zubereitung: 45 Minuten

100 g bunte Quinoa
Salz
300 g Blumenkohl
300 g Brokkoli
1 rote Zwiebel
je 1 kleine gelbe und rote Paprikaschote
1 Knoblauchzehe
15 g Ingwer
100 ml Tomatensaft
125 ml glutenfreie Gemüsebrühe
4 EL glutenfreie Sojasauce (z. B. Tamari)
2 EL Balsamico bianco
2 TL Cashewmus
50 g Cashewkerne
2 EL helles Sesamöl
Pfeffer aus der Mühle
½ Bund Koriandergrün

Nährwerte pro Portion: 600 kcal, 23 g EW, 29 g F, 55 g KH, 14 g BST, 9,1 g MUFS

+ Die Quinoa in einem Sieb kalt abbrausen und abtropfen lassen. Danach in einem Topf nach Packungsanleitung in 270 ml kochendem Salzwasser garen.

+ Währenddessen Blumenkohl und Brokkoli putzen, waschen und in Röschen teilen. Die Stiele jeweils schälen und klein würfeln. Die Zwiebel schälen, halbieren und in feine Streifen schneiden. Die Paprika längs vierteln, putzen, waschen und in feine Streifen schneiden.

+ Für die Würzsauce Knoblauch und Ingwer schälen und fein würfeln. Beides mit Tomatensaft, Brühe, Sojasauce, Essig und Cashewmus verrühren. Die Cashewkerne im Wok ohne Fett hell rösten, herausnehmen und abkühlen lassen.

+ Das Öl im Wok erhitzen und Blumenkohl, Brokkoli und Zwiebel darin bei starker Hitze 5 bis 6 Minuten unter Rühren braten. Die Paprika hinzufügen und 2 bis 3 Minuten mitbraten. Die Würzsauce dazugießen und alles offen bei mittlerer Hitze 3 bis 4 Minuten köcheln lassen, dabei ab und zu umrühren. Mit Salz und Pfeffer würzen.

+ Zum Servieren das Koriandergrün waschen, trocken tupfen und die Blätter abzupfen. Das Wokgemüse mit Cashewkernen und Quinoa auf Teller verteilen und mit Koriander bestreuen.

Die Ernährungs-Docs

Cashewkerne sind eine gute Quelle für Pflanzenprotein und ungesättigte Fettsäuren, die Cholesterin und Blutdruck senken. Außerdem enthalten Cashews viel Magnesium – einen Mineralstoff, der sich positiv auf die Herzfunktion auswirkt, weil er den Elastinaufbau sowie die Dehnbarkeit von Herzmuskel und Blutgefäßen fördert.

Zucchini-Spaghetti aglio e olio

Für 2 Personen
Zubereitung: 30 Minuten

200 g Emmervollkorn-Spaghetti (aus dem Bioladen)
Salz
2 EL Pinienkerne
40 g Parmesan (am Stück)
2 Knoblauchzehen
1 rote Chilischote
2 Zucchini (ca. 400 g)
200 g bunte Cocktailtomaten (am besten rote und gelbe)
½ Bund Petersilie
4 EL natives Olivenöl extra
Pfeffer aus der Mühle
1–2 TL Zitronensaft

Nährwerte pro Portion: 730 kcal, 27 g EW, 34 g F, 75 g KH, 11 g BST, 7 g MUFS

+ Die Nudeln in reichlich kochendem Salzwasser nach Packungsanweisung bissfest garen. Inzwischen die Pinienkerne in einer Pfanne ohne Fett hell rösten, herausnehmen und abkühlen lassen. Den Parmesan fein reiben.

+ Knoblauch schälen und in dünne Scheiben schneiden. Chilischote längs halbieren, putzen, waschen und fein würfeln. Zucchini putzen, waschen, längs vierteln und in etwa 1 cm breite Stücke schneiden. Die Tomaten waschen und halbieren. Die Petersilie waschen, trocken tupfen, die Blätter abzupfen und fein hacken.

+ Das Öl in einer großen Pfanne erhitzen und Knoblauch und Chiliwürfel darin bei mittlerer Hitze etwa 2 Minuten andünsten. Zucchini hinzufügen und etwa 3 Minuten mitdünsten. Tomaten dazugeben und noch etwa 2 Minuten mitgaren. Zuletzt mit Salz und Pfeffer würzen.

+ Zum Servieren die Nudeln in ein Sieb abgießen und tropfnass mit der Petersilie zu den Zucchini in die Pfanne geben. Alles mischen und mit Zitronensaft, Salz und Pfeffer abschmecken. Die Spaghetti auf Teller verteilen und mit Parmesan und Pinienkernen bestreuen.

Die Ernährungs-Docs

Ob Pasta, Mehl, Flocken oder Gebäck: Urgetreidesorten wie Emmer und Einkorn erleben gerade eine Renaissance. Nicht nur weil sie würziger schmecken, sondern auch weil sie gesünder sind als moderne Weizensorten – besonders fürs Herz! Sie enthalten mehr Antioxidantien und entzündungshemmende Stoffe, bis zu zehnmal mehr Vitamin E und B-Vitamine sowie Mineralstoffe und Spurenelemente (Magnesium, Kalium, Eisen, Zink) – allesamt Faktoren, die vor chronischen Krankheiten schützen können. Zudem sollen die alten Getreidesorten den Cholesterinspiegel senken und ihr hoher Gehalt an Carotinoiden soll gut für das Herz-Kreislauf-System sein.

Kichererbsen-Fusilli mit Kürbis-Bolognese

Für 2 Personen
Zubereitung: 50 Minuten

400 g Butternusskürbis
1 rote Paprikaschote
1 Zwiebel
1 Knoblauchzehe
2 EL natives Olivenöl extra
1 EL scharfes Ajvar (Paprikapaste)
1 TL edelsüßes Paprikapulver
1 Dose stückige Tomaten (400 g)
400 ml glutenfreie Gemüsebrühe
1 TL getr. Oregano
Salz, Pfeffer aus der Mühle
160 g Kichererbsen-Fusilli (ersatzweise eine andere Hülsenfruchtnudelsorte)
50 g Parmesan (am Stück)
½ Bund Petersilie

Nährwerte pro Portion: 630 kcal, 32 g EW, 26 g F, 58 g KH, 15 g BST, 4 g MUFS

+ Kürbis putzen, schälen und die Kerne mit einem Löffel entfernen, das Kürbisfleisch in etwa ½ cm große Würfel schneiden. Die Paprika längs halbieren, putzen, waschen und ebenfalls klein würfeln. Zwiebel und Knoblauch schälen und fein würfeln.

+ Kürbis, Paprika, Zwiebel und Knoblauch in einem großen Topf im Öl bei mittlerer Hitze etwa 5 Minuten andünsten. Ajvar und Paprikapulver dazugeben und kurz anrösten. Tomatenstücke und Brühe dazugießen und alles mit Oregano, Salz und Pfeffer würzen. Die Bolognese erst mit geschlossenem Deckel aufkochen, dann offen bei schwacher bis mittlerer Hitze etwa 20 Minuten köcheln lassen.

+ Inzwischen die Nudeln in einem Topf in reichlich kochendem Salzwasser nach Packungsanweisung bissfest garen (Achtung, Hülsenfrucht-Pasta ist schnell gar!). In ein Sieb abgießen und abtropfen lassen, dabei etwa 50 ml Nudelkochwasser auffangen. Die Bolognese abschmecken und das Kochwasser unterrühren, so wird sie sämig.

+ Zum Servieren den Parmesan grob reiben. Die Petersilie waschen, trocken tupfen, die Blätter abzupfen und fein hacken. Pasta und Bolognese auf Teller verteilen und mit Parmesan und Petersilie bestreuen.

Die Ernährungs-Docs

Der Butternusskürbis ist eine echte Beta-Carotin-Bombe: Schon 100 Gramm decken 80 Prozent des Tagesbedarfs. Carotinoide schützen die Zellen vor aggressiven Sauerstoffverbindungen und reduzieren so das Risiko für Herz-Kreislauf-Erkrankungen. Der Kürbis verliert sein Beta-Carotin beim Kochen nicht. Im Gegenteil, Erhitzen ist sogar von Vorteil. Das Vitamin wird durch das Garen aus der Pflanzenzelle gelöst und kann vom Körper leichter verwertet werden.

Pasta mit grünem Gemüse und Hanfsamenpesto

Für 2 Personen
Zubereitung: 45 Minuten

1 kleine Knoblauchzehe
½ Bund Basilikum (ca. 20 g)
25 g junger Spinat
40 g Pecorino (ersatzweise Parmesan; am Stück)
25 g geschälte Hanfsamen
2 EL kalt gepresstes Hanföl
Salz, Pfeffer aus der Mühle
150 g grüne Bohnen
150 g Brokkoliröschen
100 g gepalte Erbsen (ersatzweise tiefgekühlt)
100 g Zuckerschoten
150 g Dinkelvollkorn-Bandnudeln
2 EL Mandelblättchen

Nährwerte pro Portion: 700 kcal, 34 g EW, 29 g F, 66 g KH, 16 g BST, 15 g MUFS

+ Für das Pesto Knoblauch schälen und grob hacken. Das Basilikum waschen, trocken tupfen, die Blätter abzupfen und einige zum Garnieren beiseitelegen. Den Spinat verlesen, waschen und trocken tupfen, dabei grobe Stiele entfernen. Den Pecorino fein reiben. Knoblauch, Basilikum, Spinat, Hanfsamen und Hanföl im Blitzhacker fein zerkleinern. 20 g geriebenen Pecorino kurz untermixen, Rest zum Servieren beiseitestellen. Das Pesto mit Salz und Pfeffer würzen.

+ Bohnen putzen, waschen und quer halbieren. Brokkoli putzen und waschen. Die Erbsen in einem Sieb abbrausen und abtropfen lassen (tiefgekühlte Erbsen müssen nicht auftauen). Die Zuckerschoten putzen, waschen und schräg halbieren.

+ Bohnen und Nudeln in einem Topf in reichlich kochendem Salzwasser nach Packungsanweisung der Nudeln bissfest garen. Etwa 3 Minuten vor Ende der Garzeit Brokkoli, Erbsen und Zuckerschoten dazugeben, aufkochen und mitgaren. Inzwischen die Mandeln in einer Pfanne ohne Fett hell rösten. Herausnehmen und abkühlen lassen.

+ Zum Servieren den Nudel-Gemüse-Mix in ein Sieb abgießen und abtropfen lassen, dabei 2 EL Kochwasser auffangen und das Pesto damit cremig rühren. Das Pesto mit der Gemüse-Pasta mischen und auf Teller verteilen, mit übrigem Pecorino und Mandelblättchen bestreuen und mit den beiseitegelegten Basilikumblättern garnieren.

Die Ernährungs-Docs

Hanfsamen und -öl weisen ideale Fettsäuremuster auf: Weil sie reich an essenzieller Linolsäure (Omega 6), Alpha-Linolensäure (Omega 3) und hormonregulierender Gamma-Linolensäure sind, wirken sie entzündungshemmend und blutdrucksenkend.

Hafer-Gemüse-Risotto

Für 2 Personen
Zubereitung: 40 Minuten

600 ml Gemüsebrühe
1 Zwiebel
1 Knoblauchzehe
1 kleiner Kohlrabi
200 g Möhren
1 Stange Lauch (ca. 200 g)
1 EL natives Olivenöl extra
2 TL Butter
200 g Hafer
Salz, Pfeffer aus der Mühle
50 g italien. Hartkäse
(z. B. Grana padano)
½ Bund Petersilie
100 g tiefgekühlte Erbsen

Nährwerte pro Portion: 720 kcal, 28 g EW, 29 g F, 76 g KH, 19 g BST, 7,1 g MUFS

+ Die Brühe in einem Topf erhitzen und warm halten. Zwiebel und Knoblauch schälen und fein würfeln. Kohlrabi und Möhren putzen, schälen und in etwa 1 ½ cm große Stücke schneiden, das zarte Kohlrabigrün waschen und beiseitelegen. Lauch putzen, längs halbieren, gründlich waschen und in etwa 1 ½ cm breite Scheiben schneiden.

+ Zwiebel und Knoblauch in einem Topf in Öl und Butter bei mittlerer Hitze andünsten. Kohlrabi, Möhren und Lauch dazugeben und etwa 3 Minuten mitdünsten. Den Hafer hinzufügen und unter Rühren kurz andünsten. 2 Schöpfkellen heiße Brühe dazugießen, alles offen etwa 5 Minuten unter Rühren köcheln und fast vollständig einkochen lassen, salzen und pfeffern. Nach und nach die übrige Brühe dazugießen und das Risotto offen bei schwacher Hitze etwa 25 Minuten köcheln lassen, dabei ab und zu umrühren.

+ Inzwischen den Käse grob reiben. Die Petersilie waschen, trocken tupfen, die Blätter abzupfen und mit dem Kohlrabigrün fein hacken. Die tiefgekühlten Erbsen etwa 5 Minuten vor Ende der Garzeit unter das Risotto mischen und mitgaren.

+ Zum Servieren jeweils die Hälfte von Käse und Kräutern unter das Risotto mischen, mit Salz und Pfeffer würzen. Das Risotto auf Teller verteilen und mit übrigem Käse und restlichen Kräutern bestreuen.

Die Ernährungs-Docs

Folsäure, Vitamin B_6 und B_{12} – die drei B-Vitamine in diesem Vollkorngericht sind für den Körper wichtig, um Homocystein verarbeiten zu können. Das ist eine Aminosäure, die beim Abbau von Proteinen entsteht und nur in geringen Mengen vorkommen sollte. Sammelt sich zu viel davon im Blut, weil die genannten Vitamine fehlen, gerät unser Stoffwechsel ins Stocken. Die Folgen: geschädigte Blutgefäße, Arteriosklerose und ein erhöhtes Herzinfarktrisiko.

Gefüllte Paprikaschoten mit Pilz-Spinat-Hirse

Für 2 Personen
Zubereitung: 30 Minuten
Garen: 30 Minuten

75 g Hirse
¼ l glutenfreie Gemüsebrühe
1 Zwiebel
1 Knoblauchzehe
2 EL natives Olivenöl extra
1 Dose stückige Tomaten (400 g)
Salz, Pfeffer aus der Mühle
100 g kleine Champignons
100 g junger Spinat
50 g mittelalter Gouda
(mind. 30 % Fett i. Tr.)
je 1 große gelbe und grüne
Paprikaschote
2 EL Pinienkerne
1 EL gehackte Petersilie

Nährwerte pro Portion: 475 kcal, 21 g EW, 24 g F, 38 g KH, 10 g BST, 5,9 g MUFS

+ Den Backofen auf 200 °C vorheizen. Die Hirse in einem Sieb abbrausen und kurz abtropfen lassen. In einem Topf in der Brühe erst offen bei mittlerer Hitze etwa 5 Minuten garen, dann mit geschlossenem Deckel bei schwacher Hitze 15 bis 20 Minuten quellen lassen.

+ Inzwischen Zwiebel und Knoblauch schälen, fein würfeln und in einem Topf in 1 EL Öl andünsten. Tomatenstücke und 100 ml Wasser dazugeben, alles salzen und pfeffern und mit geschlossenem Deckel bei mittlerer Hitze etwa 15 Minuten garen.

+ Die Champignons putzen, falls nötig, trocken abreiben und in dünne Scheiben schneiden. Spinat verlesen, waschen und trocken tupfen. Die Pilze in einer Pfanne im übrigen Öl bei mittlerer Hitze 2 bis 3 Minuten andünsten. Den Spinat dazugeben und mit geschlossenem Deckel zusammenfallen lassen. Den Gouda grob reiben. Die Spinat-Pilz-Mischung mit Hirse und Käse mischen, salzen und pfeffern.

+ Die Paprika längs halbieren, putzen und waschen. Die Tomatensauce in einer kleinen Auflaufform (ca. 25 × 15 cm) verteilen und die Paprikahälften nebeneinander mit der Öffnung nach oben in die Form setzen. Jeweils mit einem Viertel der Pilz-Spinat-Hirse füllen und im Ofen auf der mittleren Schiene etwa 30 Minuten garen.

+ Zum Servieren Pinienkerne in einer Pfanne ohne Fett hell rösten, herausnehmen und abkühlen lassen. Die Paprika aus dem Ofen nehmen und auf Teller setzen, mit Pinienkernen und Petersilie bestreuen.

Kartoffel-Buchweizen-Gnocchi mit Paprikasugo

Für 2 Personen
Zubereitung: 1 Stunde

400 g mehligkochende Kartoffeln
Salz
100 g Buchweizenvollkornmehl
1 Ei (Größe M)
Pfeffer aus der Mühle
frisch geriebene Muskatnuss
Mehl für die Arbeitsfläche
1 rote Zwiebel
1 Knoblauchzehe
je 1 rote, gelbe und grüne Paprikaschote (ca. 500 g)
4 Salbeiblätter
1 EL natives Olivenöl extra
1 Dose passierte Tomaten (400 g)
30 g Parmesan (am Stück)
30 g Walnusskerne

Nährwerte pro Portion: 660 kcal, 25 g EW, 25 g F, 77 g KH, 11 g BST, 9,7 g MUFS

+ Die Kartoffeln waschen und in Salzwasser etwa 20 Minuten garen. Abgießen, kurz ausdampfen lassen, dann pellen und durch die Kartoffelpresse drücken. Buchweizenmehl und Ei dazugeben, alles mit Salz, Pfeffer und Muskat kräftig würzen und glatt verkneten.

+ Den Teig auf der bemehlten Arbeitsfläche zu 2 Rollen (à ca. 2 cm Durchmesser) formen und diese in etwa 2 cm große Stücke schneiden. Die Teigstücke zu Talern formen und jeweils mit einer Gabel eindrücken. Die Gnocchi ruhen lassen.

+ Für den Sugo Zwiebel und Knoblauch schälen und separat fein würfeln. Die Paprika längs halbieren, putzen, waschen und in etwa 1 cm große Würfel schneiden. Den Salbei waschen, trocken tupfen und in feine Streifen schneiden.

+ Die Zwiebel in einem großen Topf im Öl bei mittlerer Hitze andünsten. Knoblauch, Paprika und Salbei dazugeben und 3 bis 4 Minuten unter Wenden andünsten. Das Tomatenpüree hinzufügen, den Sugo salzen und pfeffern und offen bei schwacher Hitze noch etwa 15 Minuten köcheln lassen.

+ Inzwischen die Gnocchi in reichlich kochendem Salzwasser mit halb aufgelegtem Deckel kurz aufkochen, dann offen bei schwacher Hitze 5 bis 7 Minuten gar ziehen lassen, bis sie nach oben steigen. Mit einer Schaumkelle herausheben und in einem Sieb abtropfen lassen, nach Belieben im Ofen warm halten.

+ Zum Servieren den Parmesan reiben. Die Walnüsse grob hacken. Den Paprikasugo nochmals abschmecken und mit den Gnocchi auf Teller verteilen. Mit Käse und Nüssen bestreuen.

Kürbis-Bulgur-Auflauf mit Feta

Für 2 Personen
Zubereitung: 30 Minuten
Garen: 20 Minuten

400 g Butternusskürbis
1 rote Paprikaschote
1 Zwiebel
1 Knoblauchzehe
3 EL natives Olivenöl extra
2 TL Harissa-Paste
Salz, Pfeffer aus der Mühle
¼ l Gemüsebrühe
100 g Bulgur
30 g Rauchmandeln
1 große Tomate
4 Petersilienstiele
2 Minzestiele
½ TL abgeriebene Bio-Zitronenschale
75 g Feta (Schafskäse; 45 % Fett i. Tr.)

Nährwerte pro Portion: 620 kcal, 17 g EW, 36 g F, 50 g KH, 13 g BST, 5,1 g MUFS

+ Den Backofen auf 200 °C vorheizen. Den Kürbis putzen, schälen und die Kerne mit einem Löffel entfernen, das Kürbisfleisch in etwa 2 cm große Würfel schneiden. Die Paprika längs vierteln, putzen, waschen und in grobe Stücke schneiden. Zwiebel und Knoblauch schälen und fein würfeln.

+ Kürbis und Paprika in einem großen ofenfesten Topf im Öl bei mittlerer Hitze 2 bis 3 Minuten unter Wenden anbraten. Zwiebel und Knoblauch dazugeben und etwa 3 Minuten mitdünsten. Alles mit Harissa, Salz und Pfeffer würzen und Brühe und Bulgur unterrühren. Den Auflauf mit geschlossenem Deckel im Ofen auf der mittleren Schiene etwa 20 Minuten garen (alternativ alles in eine Auflaufform geben und im Ofen mit Backpapier abgedeckt garen).

+ Inzwischen für das Topping die Rauchmandeln hacken. Die Tomate waschen und in kleine Würfel schneiden, dabei den Stielansatz entfernen. Petersilie und Minze waschen, trocken tupfen, die Blätter abzupfen und fein hacken. Mandeln, Tomate, Kräuter und Zitronenschale mischen und mit Pfeffer würzen.

+ Etwa 5 Minuten vor Ende der Garzeit den Feta über den Auflauf bröckeln. Den Auflauf offen im Ofen fertig garen, herausnehmen und vor dem Servieren kurz abkühlen lassen. Dann auf Teller verteilen und mit dem Topping bestreuen.

Die Ernährungs-Docs

Feta liefert leicht verdauliche Proteine (ca. 16 Gramm pro 100 Gramm) und Mineralstoffe wie Kalzium und Phosphor, die für den Aufbau und Erhalt der Muskeln, Knochen und Zähne sorgen. Ein besonderer Inhaltsstoff des Schafskäses ist die Orotsäure (früher Vitamin B_{13}). Diese soll die Abwehrkräfte stärken, den Cholesterinspiegel senken und Leber und Zellgewebe schützen.

Gemüse-Pommes vom Blech mit Tomaten-Salsa

Für 2 Personen
Zubereitung: 30 Minuten
Garen: 20 Minuten

600 g festkochende Kartoffeln
je 1 gelbe und hellgrüne Spitzpaprikaschote
2 rote Zwiebeln
½ Bund Rosmarin
80 g schwarze Oliven
3 EL Olivenöl zum Braten
Salz, Pfeffer aus der Mühle
1 Zwiebel
1 Knoblauchzehe
1 rote Pfefferschote (Peperoni)
1 EL natives Olivenöl extra
1 Dose stückige Tomaten (400 g)
2 Msp. rosenscharfes Paprikapulver
50 g Parmesan (am Stück)

Nährwerte pro Portion: 590 kcal, 18 g EW, 31 g F, 52 g KH, 10 g BST, 2,9 g MUFS

+ Den Backofen auf 220 °C vorheizen. Ein Backblech mit Backpapier belegen. Die Kartoffeln schälen, waschen und in Spalten oder kräftige Stifte schneiden. Die Paprika längs halbieren, putzen, waschen und in 2 bis 3 cm breite Stücke schneiden. Zwiebeln schälen und in breite Spalten schneiden. Rosmarin waschen, trocken tupfen, die Nadeln abzupfen und grob hacken. Die Oliven abtropfen lassen.

+ Kartoffeln, Paprika, Zwiebeln, Rosmarin und Oliven in einer Schüssel mit dem Öl zum Braten mischen. Das Gemüse salzen und pfeffern, auf dem Blech verteilen und im Ofen auf der mittleren Schiene etwa 20 Minuten garen, dabei einmal wenden.

+ Inzwischen für die Salsa Zwiebel und Knoblauch schälen und fein würfeln. Die Pfefferschote längs halbieren, putzen, waschen und klein würfeln. Alles in einem Topf im nativen Öl bei mittlerer Hitze etwa 5 Minuten andünsten, Tomatenstücke dazugeben. Salsa offen bei mittlerer Hitze etwa 10 Minuten köcheln lassen, mit Salz, Pfeffer und Paprikapulver würzen, vom Herd nehmen, lauwarm abkühlen lassen.

+ Zum Servieren den Parmesan mit einem Sparschäler in dünne Späne hobeln. Die Gemüse-Pommes aus dem Ofen nehmen, auf Teller verteilen und mit Käse bestreuen. Die Salsa dazu reichen.

Die Ernährungs-Docs

Natürliche Kartoffeln (nicht Chips, Fritten oder Instant-Püree!) sind für Herz und Kreislauf optimal. Mit reichlich Chrom sorgen sie dafür, dass die Cholesterinwerte ins Lot kommen. Chrom erhöht das gesunde HDL-Cholesterin, senkt das gefäßschädigende LDL und beugt so Schlaganfällen vor.

Vollkorn-Gemüse-Pizza

Für 2 Personen
Zubereitung: 35 Minuten
Gehen: 30 Minuten
Backen: 2 × 12 Minuten

150 g Dinkelvollkornmehl
Salz
3 EL natives Olivenöl extra
¼ Würfel Hefe (10 g)
Mehl für die Arbeitsfläche
1 Dose stückige Tomaten (400 g)
1 TL getr. Oregano
Pfeffer aus der Mühle
1 kleine rote Zwiebel
150 g schmale Aubergine
1 kleine gelbe Paprikaschote
2 Artischockenherzen
(aus der Dose)
30 g schwarze Oliven
(ohne Stein)
40 g Emmentaler (45 % Fett i. Tr.)
40 g Rucola

Nährwerte pro Portion: 600 kcal, 21 g EW, 26 g F, 61 g KH, 16 g BST, 3,3 g MUFS

+ Für den Teig das Mehl in einer Rührschüssel mit 1 Prise Salz und 2 EL Öl mischen. Hefe zerkrümeln, in 80 ml lauwarmem Wasser auflösen und zum Mehl geben. Alles erst mit den Knethaken des Handrührgeräts mischen, dann mit den Händen auf der leicht bemehlten Arbeitsfläche gut durchkneten. Den Teig zur Kugel formen und abgedeckt an einem warmen Ort etwa 30 Minuten gehen lassen. Backofen auf 220 °C vorheizen. Zwei Backbleche mit Backpapier belegen.

+ Die Tomatenstücke in einem Sieb abtropfen lassen, mit Oregano, Salz und Pfeffer würzen. Die Zwiebel schälen und in dünne Scheiben schneiden. Die Aubergine putzen, waschen und in etwa 5 mm dünne Scheiben schneiden. Die Paprika längs vierteln, putzen, waschen und in feine Streifen schneiden. Die Artischocken abtropfen lassen und vierteln. Oliven abtropfen lassen und halbieren. Zwiebel, Aubergine und Paprika in einer großen Pfanne im übrigen Öl bei mittlerer Hitze etwa 3 Minuten andünsten, vom Herd nehmen, salzen und pfeffern.

+ Den Teig halbieren, jede Teighälfte rund (ca. 28 cm Durchmesser) ausrollen und auf ein Blech legen. Jeweils mit der Hälfte der Tomatensauce bestreichen und die Hälfte von Gemüse-Mix, Artischocken und Oliven darauf verteilen. Den Käse reiben und darüberstreuen. Die Pizzen nacheinander im Ofen auf der mittleren Schiene etwa 12 Minuten backen. Zum Servieren den Rucola verlesen, waschen und trocken tupfen, dabei grobe Stiele entfernen. Die Pizzen aus dem Ofen nehmen und auf Teller setzen, mit dem Rucola bestreuen.

Die Ernährungs-Docs

Dinkelvollkornmehl punktet mit einem hohen Gehalt an Eiweiß und Ballaststoffen. Zudem enthält es reichlich Mineralstoffe und Spurenelemente wie Magnesium, Kupfer, Selen, Zink und Chrom. Diese sind Bestandteile der antientzündlichen Enzymsysteme, die auch der Herzgesundheit zugutekommen.

Lachs mit Spargel-Reis-Pfanne

Für 2 Personen
Zubereitung: 40 Minuten

100 g Naturreis-Wildreis-Mischung
Salz
½ Bund Petersilie
30 g grüne Oliven (ohne Stein)
20 g Pistazienkerne
20 g blanchierte Mandeln
½ Bio-Zitrone
Pfeffer aus der Mühle
500 g grüner Spargel
100 g Zuckerschoten
2 EL natives Olivenöl extra
100 g Kochsahne (15 % Fett)
2 Lachsfilets (à ca. 125 g)

Nährwerte pro Portion: 795 kcal, 40 g EW, 46 g F, 50 g KH, 9 g BST, 7,9 g MUFS

+ Den Reis-Mix in Salzwasser nach Packungsanweisung garen. Anschließend in ein Sieb abgießen, abtropfen und abkühlen lassen. Inzwischen für das Topping die Petersilie waschen, trocken tupfen, die Blätter abzupfen und grob hacken. Die Oliven abtropfen lassen und mit Pistazien und Mandeln grob hacken. Die Zitrone heiß waschen, abtrocknen und 1 TL Schale fein abreiben. Die Zitrone auspressen. Petersilie, Oliven, Pistazien und Mandeln im Blitzhacker grob mixen. Mit Salz, Pfeffer, Zitronenschale und 1 TL Zitronensaft würzen.

+ Den Spargel waschen und im unteren Drittel schälen, die holzigen Enden abschneiden. Dickere Stangen längs halbieren, den Spargel schräg in 3 bis 4 cm lange Stücke schneiden. Die Zuckerschoten putzen, waschen und schräg halbieren.

+ Den Spargel in einer großen Pfanne in 1 EL Öl bei mittlerer Hitze etwa 7 Minuten bissfest dünsten. Die Zuckerschoten und den gegarten Reis-Mix dazugeben und bei mittlerer Hitze etwa 3 Minuten unter Rühren mitdünsten. Alles mit Salz, Pfeffer und 1 EL Zitronensaft abschmecken, dann die Kochsahne unterrühren.

+ Den Lachs waschen, trocken tupfen, salzen und pfeffern. In einer weiteren Pfanne im übrigen Öl bei mittlerer Hitze auf jeder Seite etwa 3 Minuten anbraten. Dann den Herd ausschalten und den Fisch noch etwa 5 Minuten ziehen lassen. Zum Servieren Gemüsereis und Lachs auf Teller verteilen und mit dem Topping bestreuen.

Die Ernährungs-Docs

Bio-Zuchtlachs aus Aquakulturen liefert mehr herzgesunde Omega-3-Fettsäuren als Wildlachs. Grund dafür ist das Futter der Tiere, das in der Zucht zum Großteil aus pflanzlichen Quellen und weniger aus Wildfisch besteht. Wildlachs schwimmt dagegen täglich mehrere Kilometer und frisst nur nach Angebot.

Gebratene Heringe mit Sauerkrautsalat

Für 2 Personen
Zubereitung: 40 Minuten

4 grüne bzw. frische Heringe (küchenfertig; à ca. 200 g)
2 EL Zitronensaft
Salz, Pfeffer aus der Mühle
1 Mini-Romanasalat
1 kleiner Radicchio
1 Stange Staudensellerie
1 gelbe Paprikaschote
1 kleine rote Zwiebel
2 EL Apfelessig
2 EL kalt gepresstes Rapsöl
250 g rohes Sauerkraut (aus dem Frischebeutel oder Glas)
2 EL Dinkelmehl (Type 1050)
2 EL Olivenöl zum Braten
100 g saure Sahne (10 % Fett)
½ Bund Schnittlauch
2 Scheiben Vollkornroggenbrot (à ca. 50 g)

Nährwerte pro Portion: 750 kcal, 42 g EW, 46 g F, 35 g KH, 12 g BST, 8,3 g MUFS

+ Die Fische innen und außen waschen und trocken tupfen. Dann innen und außen mit 1 ½ EL Zitronensaft beträufeln und mit Salz und Pfeffer würzen.

+ Von Romana und Radicchio die äußeren Blätter entfernen. Die Salate in die einzelnen Blätter teilen, waschen, trocken schleudern und in mundgerechte Stücke zupfen. Den Sellerie putzen, waschen und in dünne Scheiben schneiden. Die Paprika längs vierteln, putzen, waschen und in etwa 1 cm große Würfel schneiden. Die Zwiebel schälen und fein würfeln. In einer Salatschüssel Essig, Salz, Pfeffer und Rapsöl verrühren. Die vorbereiteten Zutaten und das Sauerkraut dazugeben und alles mit dem Dressing mischen.

+ Das Mehl mit etwas Salz und Pfeffer auf einem Teller mischen. Das Olivenöl in einer großen beschichteten Pfanne erhitzen. Die Heringe rundum im Mehl wälzen und im Öl auf beiden Seiten 8 bis 10 Minuten goldbraun braten.

+ Inzwischen die saure Sahne mit übrigem Zitronensaft, Salz und Pfeffer verrühren. Den Schnittlauch waschen, trocken tupfen, in feine Röllchen schneiden und untermischen. Die Bratheringe mit dem Sauerkrautsalat auf Teller verteilen. Dip und Brot dazu reichen.

Die Ernährungs-Docs

Sauerkraut, Kimchi, Kefir und Co. enthalten Probiotika, die das Mikrobiom im Darm positiv beeinflussen (siehe Seite 39). Dabei handelt es sich um Milchsäurebakterien sowie Hefepilze, die Krankheitserreger in Schach halten können. Je größer die Vielfalt an Mikroorganismen im Darm, desto geringer das Risiko für eine Herz-Kreislauf-Erkrankung – das hat jüngst eine Studie ergeben.

Fischfrikadellen mit Lauch-Tomaten-Ragout

Für 2 Personen
Zubereitung: 45 Minuten
Kühlen: 30 Minuten

300 g Kabeljaufilet
Salz, Pfeffer aus der Mühle
100 g Zucchini
6 Petersilienstiele
½ Eiweiß (ca. 2 EL)
2 EL Dinkelvollkornmehl
2 Stangen Staudensellerie
1 Stange Lauch (ca. 300 g)
1 große Fleischtomate
3 EL natives Olivenöl extra
1–2 TL Aceto balsamico
3 Basilikumstiele

Nährwerte pro Portion: 360 kcal, 34 g EW, 17 g F, 15 g KH, 6 g BST, 2,4 g MUFS

+ Das Kabeljaufilet waschen, trocken tupfen und eventuell portionsweise im Blitzhacker nicht zu fein zerkleinern. Die Masse mit Salz und Pfeffer würzen. Zucchini putzen, waschen und in etwa ½ cm große Würfel schneiden. Die Petersilie waschen, trocken tupfen, die Blätter abzupfen und fein hacken. Die Zucchiniwürfel trocken tupfen und mit Petersilie, Eiweiß und Mehl unter die Fischmasse rühren. Abgedeckt etwa 30 Minuten kühl stellen.

+ Inzwischen den Sellerie putzen, waschen und in dünne Scheiben schneiden. Den Lauch putzen, längs halbieren, gründlich waschen und schräg in breite Scheiben schneiden. Die Tomate kreuzweise einritzen, überbrühen, häuten, vierteln und entkernen. Das Fruchtfleisch in kleine Würfel schneiden.

+ Aus der Fischmasse 4 flache Frikadellen formen und in einer beschichteten Pfanne in 2 EL Öl bei mittlerer Hitze auf beiden Seiten 8 bis 10 Minuten goldbraun braten. Herausnehmen und auf Küchenpapier abtropfen lassen.

+ Währenddessen Sellerie und Lauch in einem großen Topf im übrigen Öl bei mittlerer Hitze 3 bis 4 Minuten andünsten. Die Tomatenwürfel dazugeben und alles mit Essig, Salz und Pfeffer würzen. Das Ragout mit geschlossenem Deckel bei mittlerer Hitze noch etwa 5 Minuten köcheln lassen.

+ Zum Servieren das Basilikum waschen, trocken tupfen und die Blätter abzupfen. Einige zum Garnieren beiseitelegen, den Rest in Streifen schneiden und unter das Ragout heben. Mit den Frikadellen auf Teller verteilen und mit dem beiseitegelegten Basilikum garnieren. Dazu passen pro Person etwa 200 g Pellkartoffeln – das Gericht ist dann jedoch nicht mehr Low Carb.

Gegrillte Makrele mit Gemüsebratkartoffeln

Für 2 Personen
Zubereitung: 40 Minuten
Marinieren: 30 Minuten
Grillen: 16–20 Minuten

2 Makrelen (à 300–350 g; küchenfertig)
Salz, Pfeffer aus der Mühle
2 EL Zitronensaft
3 EL Olivenöl zum Braten
½ TL getr. Thymian
½ TL getr. Rosmarin
1 Knoblauchzehe
350 g gegarte Pellkartoffeln (vom Vortag)
1 rote Paprikaschote
4 Frühlingszwiebeln
150 g tiefgekühlte Erbsen
2 Bio-Zitronenspalten

Nährwerte pro Portion: 780 kcal, 52 g EW, 43 g F, 41 g KH, 10 g BST, 8,3 g MUFS

+ Die Makrelen innen und außen waschen, trocken tupfen und die Haut auf jeder Seite viermal schräg einschneiden. Die Fische innen und außen mit Salz und Pfeffer würzen. Zitronensaft, 1 EL Öl, Thymian und Rosmarin verrühren, Knoblauch schälen und dazupressen. Die Fische innen und außen mit der Marinade bestreichen und in einer flachen Schale abgedeckt etwa 30 Minuten ziehen lassen.

+ Inzwischen die Kartoffeln pellen und in Scheiben schneiden. Die Paprika längs halbieren, putzen, waschen und klein würfeln. Die Frühlingszwiebeln putzen, waschen und das Weiße in dünne Ringe, das Hellgrüne schräg in 2 bis 3 cm breite Stücke schneiden.

+ Den Backofengrill einschalten. Ein Ofengitter auf die obere Schiene und darunter ein Abtropfblech schieben. Die Makrelen auf das Ofengitter legen und unter dem Backofengrill bei stärkster Hitze auf der obersten Schiene 16 bis 20 Minuten grillen. Nach etwa 9 Minuten wenden und mit der Marinade beträufeln.

+ Währenddessen Kartoffeln in einer großen beschichteten Pfanne im übrigen Öl bei mittlerer Hitze 5 bis 6 Minuten unter Wenden hell braten, salzen und pfeffern. Paprika, Frühlingszwiebeln und Erbsen untermischen, noch 4 bis 5 Minuten mitdünsten, salzen und pfeffern. Zum Servieren die Gemüsebratkartoffeln mit den Grillmakrelen auf Teller verteilen und jeweils mit 1 Zitronenspalte garnieren.

Die Ernährungs-Docs

Makrelen stecken voller Omega-3-Fettsäuren, die nicht nur vor Gefäßverengungen und hohem Cholesterin schützen, sondern auch den Blutdruck senken. Warum? Die wertvollen Fettsäuren weiten die Blutgefäße und bremsen chronische Entzündungen.

Hähnchen mit Asia-Rotkohl und Sellerie-Wedges

Für 2 Personen
Zubereitung: 30 Minuten
Backen: 20–25 Minuten

600 g Knollensellerie
20 g Cashewkerne
1 EL ungeschälter Sesam
2 TL Korianderkörner
4 EL helles Sesamöl
Salz, Pfeffer aus der Mühle
400 g Rotkohl
1 Zwiebel
25 g Ingwer
2 Hähnchenbrustfilets
(à ca. 200 g)
3 EL Apfelessig
3 EL glutenfreie Sojasauce
(z. B. Tamari)
1 EL flüssiger Honig
4 Koriandergrünstiele

Nährwerte pro Portion: 650 kcal, 59 g EW, 31 g F, 25 g KH, 16 g BST, 12 g MUFS

+ Den Backofen auf 200 °C vorheizen. Ein Backblech mit Backpapier belegen. Den Sellerie putzen, schälen und in etwa 6 cm lange Stifte schneiden. Cashewkerne, Sesam und Koriander im Blitzhacker grob mixen, mit 2 EL Öl, ½ TL Salz und Pfeffer verrühren und die Sellerie-Wedges damit gründlich mischen. Dann auf dem Blech verteilen und im Ofen auf der mittleren Schiene 20 bis 25 Minuten backen.

+ Inzwischen vom Rotkohl äußere Blätter und harten Strunk entfernen, Kohl waschen und in feine Streifen schneiden. Zwiebel und Ingwer schälen und fein würfeln. Fleisch waschen, trocken tupfen, salzen und pfeffern und in einer Pfanne in 1 EL Öl bei mittlerer bis starker Hitze auf jeder Seite etwa 3 Minuten anbraten. Herausnehmen, zum Sellerie auf das Blech legen und im Ofen 10 bis 15 Minuten mitgaren.

+ Währenddessen Zwiebel und Ingwer in einem großen Topf im übrigen Öl bei mittlerer Hitze 2 bis 3 Minuten andünsten. Den Rotkohl dazugeben und etwa 3 Minuten unter Rühren mitdünsten. Dann Essig, Sojasauce und Honig hinzufügen und alles mit geschlossenem Deckel bei mittlerer Hitze etwa 10 Minuten dünsten.

+ Zum Servieren das Hähnchen aus dem Ofen nehmen und etwa 5 Minuten ruhen lassen, dann schräg in Scheiben schneiden. Das Koriandergrün waschen, trocken tupfen und die Blätter abzupfen. Die Sellerie-Wedges aus dem Ofen nehmen und mit Fleisch und Rotkohl auf Teller verteilen, mit Korianderblättern bestreuen.

Die Ernährungs-Docs

Wie grüne Kohlsorten liefert auch Rotkohl reichlich Folsäure: Garant für elastische Blutgefäße und niedrige Blutdruck- und Homocysteinwerte. Die roten Farbstoffe wirken zudem antioxidativ.

Puten-Kebab mit Joghurtdip

Für 2 Personen
Zubereitung: 30 Minuten
Marinieren: 30 Minuten

4 lange Holzspieße
400 g Putenbrustfilet
1 kleine rote Zwiebel
1 Knoblauchzehe
½ TL abgeriebene Bio-Zitronenschale
3 EL Olivenöl zum Braten
Salz
Chiliflocken (Pul Biber)
200 g kleine Bratpaprikaschoten (Pimientos de Padrón)
1 große Tomate
1 Mini-Salatgurke
150 g griech. Joghurt (2 % Fett)
4 Scheiben Dinkel-Walnuss-Ciabatta (ca. 200 g; siehe Seite 74)

Nährwerte pro Portion: 740 kcal, 63 g EW, 30 g F, 32 g KH, 6 g BST, 5,1 g MUFS

+ Die Holzspieße in kaltes Wasser einlegen. Das Fleisch waschen, trocken tupfen und etwa 2 cm groß würfeln. Zwiebel schälen und in dünne Ringe schneiden. Knoblauch schälen und fein würfeln. Beides mit Zitronenschale, 2 EL Öl, Salz und Chili verrühren. Das Fleisch mit der Marinade mischen und abgedeckt etwa 30 Minuten marinieren.

+ Inzwischen die Bratpaprika waschen und trocken tupfen. Für den Dip die Tomate waschen und in kleine Würfel schneiden, dabei den Stielansatz entfernen. Die Gurke putzen, waschen und ebenfalls klein würfeln. Die Tomaten- und Gurkenwürfel mit dem Joghurt mischen und den Dip mit Salz und Chiliflocken abschmecken.

+ Die Fleischwürfel auf die Spieße stecken, dabei die Marinade abstreifen und auffangen. Das übrige Öl in einer großen beschichteten Pfanne erhitzen und die Spieße darin bei mittlerer Hitze etwa 8 Minuten rundum braun braten. Dabei die Bratpaprika nach etwa 4 Minuten dazugeben und noch mitbraten, alles mit Salz würzen.

+ Zum Servieren die Spieße und die Bratpaprika auf Teller verteilen. Die aufgefangene Marinade und 3 EL Wasser in die Pfanne geben und alles kurz aufkochen, die Sauce über die Spieße träufeln. Den Dip und das Ciabatta dazu reichen.

Die Ernährungs-Docs

Coenzym Q_{10} ist ein fettlösliches Molekül, das vom Körper gebildet wird und auch in Geflügel, fettreichen Fischen, Eiern, Butter, Nüssen und vielen Gemüsen enthalten ist. Es spielt im Energiestoffwechsel der Körperzellen eine große Rolle und unterstützt die Herzfunktion. Außerdem fängt Coenzym Q_{10} als Antioxidans schädliche Sauerstoffverbindungen ab, schützt vor der Oxidation von LDL-Cholesterin und damit vor Plaques. Im Alter nimmt die Coenzym-Q_{10}-Konzentration ab, vor allem in den Herzmuskelzellen.

Hirschgeschnetzeltes mit Pilzen und Möhrenstampf

Für 2 Personen
Zubereitung: 45 Minuten

400 g Möhren
250 g vorwiegend festkochende Kartoffeln
Salz
300 g Hirschfleisch (aus Rücken oder Keule)
3 Schalotten
1 Knoblauchzehe
250 g braune Champignons
3 Thymianzweige
2 EL Olivenöl zum Braten
1 EL Tomatenmark
100 ml trockener Rotwein
100 ml glutenfreie Gemüsebrühe
3 Wacholderbeeren
Pfeffer aus der Mühle
1 EL Walnussöl
70 ml Milch (1,5 % Fett)
½ Bund Petersilie

Nährwerte pro Portion: 530 kcal, 37 g EW, 22 g F, 34 g KH, 10 g BST, 5,6 g MUFS

+ Die Möhren und Kartoffeln putzen, schälen und in grobe Stücke schneiden. In einem Topf mit Salzwasser bedeckt mit geschlossenem Deckel aufkochen und bei mittlerer Hitze etwa 20 Minuten weich garen. Danach abgießen und kurz ausdampfen lassen.

+ Fleisch in feine Streifen schneiden. Schalotten und Knoblauch schälen und fein würfeln. Pilze putzen, falls nötig, trocken abreiben und in Scheiben schneiden. Thymian waschen und trocken tupfen.

+ Das Fleisch in einer großen Pfanne im Olivenöl bei mittlerer bis starker Hitze etwa 3 Minuten anbraten, herausnehmen und beiseitestellen. Schalotten, Knoblauch und Pilze im verbliebenen Bratfett andünsten. Fleisch und Tomatenmark dazugeben, mit Wein ablöschen und etwa 5 Minuten einkochen lassen. Brühe, angedrückte Wacholderbeeren, Thymianzweige, Salz und Pfeffer hinzufügen und alles mit geschlossenem Deckel bei mittlerer Hitze etwa 15 Minuten garen.

+ Zum Servieren Walnussöl und Milch zu Kartoffeln und Möhren geben und alles mit dem Kartoffelstampfer fein zerdrücken, mit Salz und Pfeffer würzen. Die Petersilie waschen, trocken tupfen, die Blätter abzupfen und fein hacken. Das Geschnetzelte mit dem Stampf auf Teller verteilen und mit Petersilie bestreuen.

Die Ernährungs-Docs

Hirsch, Reh und Co.: Wildfleisch enthält weniger Fett, aber mehr mehrfach ungesättigte Fettsäuren (Omega 6 und Omega 3) als das Fleisch von Huhn, Rind oder Schwein – und zwar etwa so viele wie Leinöl oder Lachs. Die hochwertigen Fettsäuren unterstützen unseren Stoffwechsel, schützen vor entzündlichen Prozessen, beugen Gefäßablagerungen und Arterienverkalkung vor.

Herzgesund kochen mit 5 Zutaten

Kein zeitaufwendiges Einkaufen, keine langen Zutatenlisten: Für diese drei herzhaften Sattmacher aus Pfanne, Topf und Ofen brauchen Sie nur eine Handvoll Lebensmittel aus dem Supermarkt oder aus dem Vorrat. Fertig ist die gesunde Jahreszeitenküche!

Blumenkohl-Pfifferling-Pfanne

Für 2 Personen: **400 g Blumenkohl** putzen, waschen und in Röschen teilen. **150 g Pfifferlinge** putzen, falls nötig, trocken abreiben. **3 EL Olivenöl zum Braten** in einer großen Pfanne erhitzen und den Blumenkohl darin bei mittlerer bis starker Hitze etwa 10 Minuten anbraten. Pilze nach etwa 5 Minuten dazugeben. **1 Dose Linsen (265 g Abtropfgewicht)** in einem Sieb abbrausen und abtropfen lassen. Mit **200 g passierten Tomaten (aus der Dose)** und 100 ml Wasser in die Pfanne geben. Alles offen noch etwa 5 Minuten garen, dabei ab und zu umrühren. Mit **Salz** und **Pfeffer aus der Mühle** würzen, auf Tellern anrichten und nach Belieben mit gehackter Petersilie garnieren.

Nährwerte pro Portion: 380 kcal,
18 g EW, 17 g F, 32 g KH, 13 g BST, 2,2 g MUFS

Kartoffel-Rosenkohl-Frittata

Für 2 Personen: Backofen auf 220 °C vorheizen. **400 g Rosenkohl** putzen und die äußeren Blätter entfernen, Rosenkohl waschen und längs halbieren. In Salzwasser etwa 5 Minuten blanchieren, in ein Sieb abgießen, kalt abschrecken und abtropfen lassen. **300 g gegarte Pellkartoffeln (vom Vortag)** pellen und in Scheiben schneiden. **4 Eier (Größe M)** mit **Salz** und **Pfeffer aus der Mühle** verquirlen. **2 EL Kürbiskerne** hacken. In einer ofenfesten Pfanne (24 cm Durchmesser) **2 EL Olivenöl zum Braten** erhitzen, Rosenkohl und Kartoffeln darin 3 bis 5 Minuten andünsten. Die Eiermasse darübergießen und mit den Kürbiskernen bestreuen. Mit geschlossenem Deckel bei mittlerer Hitze etwa 5 Minuten stocken lassen, dann im Ofen auf der mittleren Schiene 10 bis 15 Minuten fertig garen. Herausnehmen und in Stücke schneiden.

Nährwerte pro Portion: 470 kcal,
27 g EW, 26 g F, 25 g KH, 9 g BST, 5 g MUFS

Mediterraner Nudel-One-Pot

Für 2 Personen: **2 EL Olivenöl zum Braten** in einem Topf erhitzen und **350 g tiefgekühltes Gemüse (z. B. Gemüsepfanne Toscana oder Provence, ungewürzt)** darin bei starker Hitze 4 bis 6 Minuten unter Rühren andünsten. **400 ml vegane Gemüsebrühe** und **1 Dose stückige Tomaten (400 g)** dazugießen und alles aufkochen. **150 g Vollkorn-Penne** dazugeben, alles erneut aufkochen und mit geschlossenem Deckel bei schwacher Hitze etwa 10 Minuten garen, bis die Nudeln bissfest sind. Zum Servieren den One Pot mit **Salz** und **Pfeffer aus der Mühle** würzen und auf tiefe Teller oder Schalen verteilen.

Nährwerte pro Portion: 490 kcal,
17 g EW, 16 g F, 60 g KH, 17 g BST, 4,3 g MUFS

SÜSSES

Naschen erlaubt! Apfel-Kiwi-Grütze, Beerenparfait, Schokomuffins und Quarkkeulchen schmecken zwar nach süßer Sünde. Wer es mit diesen Sweets aber nicht übertreibt, schadet seiner Herzgesundheit nicht. Sie kommen ohne Weißmehl und mit wenig Zucker aus und machen mit viel Obst, Joghurt, Skyr und Co. reuelos glücklich.

Melonen-Erdbeer-Kaltschale mit Ricottacreme

Für 2 Personen
Zubereitung: 25 Minuten
Kühlen: 30 Minuten

1 EL Mandelblättchen
50 g Sahne
4 Minzeblätter
2 Msp. abgeriebene Bio-Zitronenschale
50 g Ricotta
(mind. 45 % Fett i. Tr.)
500 g Wassermelone
200 g Erdbeeren
1 EL flüssiger Honig
1 EL Zitronensaft

Nährwerte pro Portion: 260 kcal, 6 g EW, 14 g F, 25 g KH, 3 g BST, 1,2 g MUFS

+ Die Mandelblättchen in einer Pfanne ohne Fett hell rösten. Vom Herd nehmen und abkühlen lassen.

+ Die Sahne steif schlagen. Die Minzeblätter waschen, trocken tupfen und in feine Streifen schneiden. Mit Zitronenschale und Ricotta mit einem Teigschaber vorsichtig unter die Sahne heben und alles abgedeckt kühl stellen.

+ Die Melone schälen, entkernen und in etwa 1 cm große Würfel schneiden. Die Erdbeeren waschen, putzen und je nach Größe halbieren oder vierteln. Jeweils zwei Drittel der Melonen- und Erdbeerstücke in einen hohen Rührbecher geben. Honig und Zitronensaft dazugeben und alles mit dem Stabmixer fein pürieren. Abgedeckt etwa 30 Minuten kühl stellen.

+ Zum Servieren die Kaltschale auf Schalen verteilen und übrige Erdbeeren und Melone daraufgeben. Jeweils 2 bis 3 EL Ricottacreme daraufschichten und mit den Mandelblättchen bestreuen.

Tipp: Kaltschale sowie Ricotta-Sahne können Sie sehr gut vorbereiten und bis zum Servieren im Kühlschrank abgedeckt aufbewahren.

Die Ernährungs-Docs

Wassermelonen gelten als fruchtiger Herzschutz, weil sie Lycopin und die Aminosäure L-Citrullin enthalten. Lycopin arbeitet als Radikalfänger im Körper, senkt den oxidativen Stress und reduziert auch das Risiko für Diabetes und Herz-Kreislauf-Erkrankungen. Citrullin entspannt die Blutgefäße, weil es in den Nieren zu L-Arginin umgebaut wird und hohe Argininspiegel die Produktion von Stickoxid verstärken – wichtig für durchlässige Gefäße.

Apfel-Kiwi-Grütze auf Vanille-Skyr

Für 2 Personen
Zubereitung: 35 Minuten
Abkühlen: 1 Stunde

1 grüner säuerlicher Apfel (z. B. Boskoop)
1 Kiwi
100 g grüne Weintrauben
200 ml naturtrüber Apfelsaft (ungezuckert)
20 g Vollrohrzucker
½ Zimtstange
1 Sternanis
1 Pck. vegetarisches Geliermittel (4 g)
2 Scheiben Pumpernickel (80 g)
500 g Natur-Skyr (0,2 % Fett)
1 EL Bourbon-Vanille-Vollrohrzucker

Nährwerte pro Portion: 240 kcal, 15 g EW, 1 g F, 39 g KH, 4 g BST, 0,3 g MUFS

+ Den Apfel waschen, achteln, entkernen und die Achtel quer in dünne Scheiben schneiden. Kiwi schälen und in etwa 1 ½ cm große Würfel schneiden. Trauben waschen, von den Stielen zupfen und halbieren, nach Belieben entkernen.

+ In einem kleinen Topf den Apfelsaft mit 15 g Zucker, Zimtstange und Sternanis aufkochen und mit halb aufgelegtem Deckel bei schwacher Hitze etwa 5 Minuten köcheln lassen. Das Geliermittel mit 125 ml kaltem Wasser verrühren und unter Rühren im heißen Würzsaft nach Packungsanweisung auflösen. Das vorbereitete Obst dazugeben und alles einmal aufkochen, dann vom Herd nehmen und etwa 1 Stunde abkühlen lassen. Sternanis und Zimtstange wieder entfernen.

+ Inzwischen den Pumpernickel zerbröseln und in einer Pfanne ohne Fett etwa 4 Minuten rösten. Übrigen Zucker darüberstreuen und die Pumpernickelbrösel etwa 2 Minuten unter Rühren karamellisieren. Herausnehmen und abkühlen lassen.

+ Zum Servieren den Skyr mit dem Vanillezucker glatt verrühren. Abwechselnd Pumpernickelbrösel, Vanille-Skyr und Grütze in Dessertgläser oder Schalen schichten, dabei mit Bröseln abschließen.

Die Ernährungs-Docs

Skyr, das traditionelle Milchprodukt der Isländer, ist mit etwa 0,2 Gramm Fett und 11 Gramm Eiweiß pro 100 Gramm im Becher eine fettarme Proteinbombe. Auch was den Kalziumgehalt angeht, kann Skyr punkten. Gemeinsam mit Phosphor sorgt Kalzium für starke Knochen und Zähne. Außerdem regelt der Mineralstoff den Herzschlag und sorgt dafür, dass die Reizleitung zwischen den Nervenzellen reibungslos funktioniert. Eine kalziumreiche Ernährung kann das Risiko für Arterienverkalkung senken.

Beeren-Honig-Parfait mit Joghurt

Für 1 kuppelförmige gefrierbeständige Schale (ca. 700 ml Inhalt; 4 Portionen)
Zubereitung: 30 Minuten
Gefrieren: 5 Stunden (über Nacht)
Antauen: 15 Minuten

300 g gemischte Beeren (z. B. Heidelbeeren, Himbeeren, Rote Johannisbeeren)
80 g flüssiger Honig
200 g Naturjoghurt (1,5 % Fett)
250 g Speisequark (20 % Fett)
100 g Sahne
2 Zitronenmelissestiele
2 TL Kakao-Nibs (aus dem Bioladen)

Nährwerte pro Portion: 270 kcal, 11 g EW, 14 g F, 24 g KH, 2 g BST, 0,6 g MUFS

+ Eine runde gefrierbeständige Schale mit Frischhaltefolie auskleiden. Die Beeren verlesen, waschen und trocken tupfen, die Johannisbeeren von den Rispen zupfen. 100 g Beeren zum Garnieren beiseitelegen, den Rest mit 1 EL Honig in einem hohen Rührbecher mit dem Stabmixer grob pürieren.

+ Den Joghurt mit Quark und übrigem Honig in einer Rührschüssel glatt rühren. Die Sahne steif schlagen und mit einem Teigschaber vorsichtig unterheben. Das Beerenpüree locker unterheben und die Parfaitmasse in die Schüssel füllen. Mit einem passenden Deckel oder Frischhaltefolie abgedeckt im Tiefkühlfach etwa 5 Stunden, am besten über Nacht, gefrieren lassen.

+ Das Parfait aus dem Tiefkühlfach nehmen, auf eine Platte stürzen und die Folie abziehen. Das Parfait etwa 15 Minuten antauen lassen. Inzwischen die Melisse waschen, trocken tupfen, Blätter abzupfen.

+ Zum Servieren das Beerenparfait in 8 Kuchenstücke teilen, jeweils 2 Stücke auf Desserttellern anrichten und mit den übrigen Beeren, Kakao-Nibs und den Melisseblättern garnieren.

Die Ernährungs-Docs

Ein maßvoller Zuckerkonsum ist kein Problem, aber eine stark „zuckerbetonte“ Ernährung mit leicht verfügbaren Kohlenhydraten kann Auslöser von Diabetes und Arteriosklerose sein, darin sind sich viele Forscher einig. Die Ursache: je höher die Blutzuckerwerte, desto höher die Konzentration an freien Radikalen und entzündeten sowie absterbenden Zellen in der Innenwand der Blutgefäße. Die Kombination aus eiweißreichen Produkten (wie hier Quark und Joghurt) mit Beeren, die nicht so süß sind, lockt weniger Insulin aus der Bauchspeicheldrüse ins Blut und lässt den Blutzucker nur langsam sinken. So bekommt man kein Heißhungergefühl.

Quarkkeulchen mit Apfel-Heidelbeer-Kompott

Für 2 Personen
Zubereitung: 1 Stunde
Kühlen: 30 Minuten

300 g mehligkochende Kartoffeln
Salz
1 großer säuerlicher Apfel
(z. B. Boskoop)
150 g Heidelbeeren
1 ½ EL Vollrohrzucker
1 EL Zitronensaft
250 g Magerquark
1 Ei (Größe M)
80 g Dinkelvollkornmehl
½ TL Weinsteinbackpulver
Mehl für die Arbeitsfläche
2 EL kalt gepresstes Rapsöl

Nährwerte pro Portion: 590 kcal, 26 g EW, 17 g F, 75 g KH, 10 g BST, 4 g MUFS

+ Kartoffeln waschen und in kochendem Salzwasser 20 bis 25 Minuten weich garen. Abgießen, ausdampfen lassen, noch warm pellen und durch die Kartoffelpresse drücken. Abkühlen lassen.

+ Inzwischen für das Kompott den Apfel waschen, achteln und entkernen. Die Apfelachtel in dünne Scheiben schneiden. Die Beeren verlesen und waschen. 1 EL Zucker in einem Topf bei mittlerer Hitze hell karamellisieren, 50 ml Wasser und den Zitronensaft dazugießen (Achtung, das spritzt!) und alles unter Rühren so lange köcheln lassen, bis sich der Zucker aufgelöst hat. Die Apfelscheiben dazugeben und mit geschlossenem Deckel bei mittlerer Hitze 3 bis 4 Minuten weich dünsten. Dann in einer Schüssel mit den Beeren mischen und das Kompott abkühlen lassen.

+ Währenddessen den Quark in einem Sieb kurz abtropfen lassen, dann in einer Rührschüssel mit Ei und übrigem Zucker glatt rühren. Den abgekühlten Kartoffelschnee hinzufügen. Alles auf die Arbeitsfläche geben, Mehl mit Backpulver mischen und daraufsetzen. Alles mit den Händen auf der leicht bemehlten Arbeitsfläche zu einer kompakten Masse kneten, zu einer Rolle (ca. 6 cm Durchmesser) formen und etwa 30 Minuten kühl stellen.

+ Die Teigrolle in etwa 1 ½ cm dicke Scheiben schneiden. Das Öl in einer großen beschichteten Pfanne erhitzen und die Quarkkeulchen darin portionsweise bei mittlerer Hitze auf beiden Seiten etwa 6 Minuten ausbacken, dabei leicht flach drücken. Aus der Pfanne nehmen und eventuell im Ofen warm halten.

+ Zum Servieren die warmen Quarkkeulchen auf Teller verteilen und das Apfel-Beeren-Kompott dazu reichen.

Zucchini-Schoko-Muffins

Für 1 12er-Muffinblech
Zubereitung: 25 Minuten
Backen: 20 Minuten

100 g Zartbitterschokolade (mind. 70 % Kakaoanteil)
200 g Zucchini
12 Muffinpapierbackförmchen
2 Eier (Größe M)
120 g Vollrohrzucker
Salz
½ TL abgeriebene Bio-Orangenschale
150 g Naturjoghurt (1,5 % Fett)
125 ml kalt gepresstes Rapsöl
100 g Dinkelvollkornmehl
100 g gemahlene Mandeln
2 EL Kakaopulver (nicht entölt)
2 TL Weinsteinbackpulver

Nährwerte pro Stück: 280 kcal, 6 g EW, 18 g F, 22 g KH, 3 g BST, 3,4 g MUFS

+ Die Schokolade grob hacken und in einer Metallschüssel über dem heißen Wasserbad schmelzen. Die Zucchini putzen, waschen und auf der Gemüsereibe nicht zu fein raspeln. Die Zucchiniraspel zwischen mehreren Lagen Küchenpapier ausdrücken.

+ Den Backofen auf 180 °C vorheizen. Die Mulden des Muffinblechs mit den Papierförmchen auslegen. Für den Teig die Eier mit Zucker und 1 Prise Salz in einer Rührschüssel mit den Quirlen des Handrührgeräts dickcremig aufschlagen.

+ Zucchiniraspel, Orangenschale, Joghurt und Öl dazugeben und alles kurz verrühren. Mehl, Mandeln, Kakao- und Backpulver mischen und ebenfalls unterrühren. Zuletzt die geschmolzene Schokolade esslöffelweise dazugeben und untermischen.

+ Den Teig auf die Mulden der Muffinform verteilen und im Ofen auf der mittleren Schiene etwa 20 Minuten backen. Herausnehmen und auf einem Kuchengitter kurz abkühlen lassen, dann die Muffins aus den Mulden lösen und vollständig abkühlen lassen.

Die Ernährungs-Docs

Dunkle Schokolade gilt als gesunde Süßigkeit, weil sie das Herzinfarktrisiko verringert – darauf deuten mehrere Studien hin. Forscher machen die in Kakaobohnen enthaltenen Procyanidine für den positiven Effekt verantwortlich. Diese zu den Flavonoiden zählenden sekundären Pflanzenstoffe kommen vor allem in Bitterschokolade mit einem hohen Kakaoanteil (mind. 70 %) vor. Sie erhöhen die Elastizität der Blutgefäße und sollen sich günstig auf den Blutdruck sowie den Insulin- und Cholesterinspiegel auswirken.

Desserts mit maximal 5 Zutaten

Das Beste kommt zum Schluss! Naschkatzen dürfen sich hier auf feine und unkomplizierte Desserts freuen. Optimal, wenn es mal wieder schnell gehen muss. Mit Blitz-Eis, Crumble, Mousse und Co. können Sie sich im Nu den Alltag versüßen.

Frozen Aprikosenjoghurt

Für 2 Personen: **100 g griech. Joghurt (10% Fett)** etwa 30 Minuten im Tiefkühlfach anfrieren. Gleichzeitig **150 g tiefgekühlte Aprikosen** etwa 30 Minuten antauen lassen. Dann beides mit **1 EL Vollrohrzucker** und **2 TL Zitronensaft** im Blitzhacker cremig pürieren. Zum Servieren das Eis als Kugeln oder Nocken auf Dessertgläser verteilen.

Nährwerte pro Portion: 120 kcal,
2 g EW, 5 g F, 14 g KH, 1 g BST, 0,2 g MUFS

Matcha-Energy-Balls

Für 10 Stück: **2 Datteln (z. B. Medjoul)** halbieren, entsteinen und in Stücke schneiden. Mit **40 g zarten Haferflocken, 30 g Pistazienkernen, 1 TL Matcha-Grüntee-Pulver, 1 TL abgeriebener Schale und 2 EL Saft von 1 Bio-Limette** im Blitzhacker kompakt mixen. Aus der Masse mit einem Teelöffel 10 Portionen abstechen und jede Portion mit angefeuchteten Händen zu einer Kugel formen. Nach Belieben in Matcha-Pulver wälzen. Gekühlt halten sich die Energy-Balls bis zu 2 Wochen.

Nährwerte pro Stück: 45 kcal,
1 g EW, 2 g F, 5 g KH, 1 g BST, 0,4 g MUFS

Pflaumen-Crumble

Für 2 Personen: Backofen auf 180 °C vorheizen. **300 g tiefgekühlte Pflaumen (ohne Stein)** mit **1 EL Vollrohrzucker** mischen und in eine Auflaufform (ca. 25 × 15 cm) geben. **30 g Mandeln, 50 g zarte Haferflocken** und **2 TL Vollrohrzucker** im Blitzhacker nicht zu fein zerkleinern. **50 g weiche Butter** kurz untermischen. Die Streusel über den Pflaumen verteilen und den Crumble im Ofen auf der mittleren Schiene etwa 30 Minuten backen. Herausnehmen und lauwarm servieren.

Nährwerte pro Portion: 480 kcal,
8 g EW, 31 g F, 40 g KH, 7 g BST, 2,9 g MUFS

Schoko-Dattel-Mousse

Für 4 Personen: **100 g vegane Zartbitterschokolade (mind. 70 % Kakaoanteil)** grob hacken und in einer Metallschüssel über dem heißen Wasserbad schmelzen. **4 Datteln (z. B. Medjoul)** entsteinen und grob schneiden. Mit **400 g Seidentofu** und **1 Msp. gemahlenem Kardamom** in einem hohen Rührbecher mit dem Stabmixer cremig pürieren. Schokolade nach und nach dazugeben und untermixen. Die Mousse auf Schalen verteilen und 30 Minuten kühl stellen. **200 g Erdbeeren** waschen, putzen und in Scheiben schneiden, zum Servieren auf die Mousse geben.

Nährwerte pro Portion: 220 kcal,
9 g EW, 7 g F, 25 g KH, 6 g BST, 2,2 g MUFS

Sachregister

Rezeptregister

J

K

L

M/N

O/P

Was uns wichtig ist

Uns erreicht immer wieder die Bitte, doch komplett auf Fisch und Fleisch in unseren Ernährungs-Tipps zu verzichten. Wir sind der Meinung, dass sie in Maßen grundsätzlich wertvolle Lebensmittel sein können. Allerdings ist es heute kaum noch möglich, sie mit gutem Gewissen zu konsumieren, da der überwiegende Anteil an Fisch und Fleisch nicht nachhaltig produziert wird. Wir raten dazu, so es dem Einzelnen möglich ist, beim Kauf auf Bio-Qualität und Umweltsiegel zu achten. Außerdem sollten Fisch und Fleisch nur an ein oder höchstens zwei Tagen in der Woche gegessen werden. Es gibt genug Rezepte in diesem Buch, um sich überwiegend vegetarisch zu ernähren.

Die Ernährungs-Docs

Dr. med. Anne Fleck ist seit Jahren anerkannte Expertin auf dem Gebiet der innovativen Ernährungs- und Präventionsmedizin. Die Fachärztin für innere Medizin und Rheumatologie mit besonderer Erfahrung in Naturheilverfahren und orthomolekularer Medizin verfolgt den ganzheitlichen Ansatz, moderne Schulmedizin, Zuwendung und Naturheilkunde effektiv zu kombinieren. Seit 2013 lebt und arbeitet sie im Herzen Hamburgs. Anne Fleck ist Mitglied in internationalen Fachgesellschaften und engagiert sich als Dozentin für moderne Gesundheitsansätze.

Dr. med. Jörn Klasen ist Facharzt für innere Medizin mit Schwerpunkt Magen-, Darm- und Lebererkrankungen, Ernährungsmediziner sowie Arzt für anthroposophische Medizin und Naturheilverfahren. Er kombiniert die konventionelle Medizin mit komplementärmedizinischen Methoden. Über 15 Jahre war er Chefarzt und zehn Jahre stellvertretender ärztlicher Direktor am Asklepios Westklinikum Hamburg. Seit 2015 ist er leitender Arzt des Zentrums für integrative Medizin am Medizinicum Hamburg. Er ist Lehrbeauftragter an der Universität Hamburg, hat Lehraufträge in Athen, Sofia und Zürich und ist Diplom-Heilpädagoge.

Dr. med. Matthias Riedl ist ärztlicher Direktor der von ihm 2008 gegründeten medicum Hamburg MVZ GmbH, die Diabetologie und Ernährungsmedizin mit neun angrenzenden Facharztrichtungen ganzheitlich verbindet. Der Internist, Diabetologe und Ernährungsmediziner ist außerdem als Publizist für Fachzeitschriften und Verlage, Dozent auf internationalen Kongressen und Lehrbeauftragter zweier Universitäten tätig. Im Vorstand des Bundesverbands Deutscher Ernährungsmediziner (BDEM e. V.) engagiert er sich für die Förderung der Ernährungstherapie. Das Magazin „Focus“ nahm ihn 2013 in seine Empfehlungsliste „Top-Mediziner“ auf.

Dr. med. Silja Schäfer ist Ärztin für Allgemeinmedizin und Ernährungsmedizin und führt eine Schwerpunktpraxis für Diabetes und Ernährung in Kiel. Als ehemalige Leistungssportlerin und Trainerin interessierte sie sich schon früh für gesunde Ernährung. Jetzt als Hausärztin liegt es ihr am Herzen, eine gesunde und gesunderhaltende Ernährungsweise für alle zu ermöglichen. Seit Januar 2020 ergänzt sie das Team der Ernährungs-Docs im NDR.

Das Team

Franziska Pfeiffer arbeitet als freie Journalistin und Autorin für namhafte Verlage und Redaktionen. Nach ihrem Studium absolvierte sie die Henri-Nannen-Journalistenschule und hat sich auf medizinische und ernährungswissenschaftliche Themen spezialisiert.

Claudia Timmann ist gelernte Fotografin und arbeitet seit 2010 freiberuflich in Hamburg. Sie ist deutschlandweit für Verlage und Redaktionen tätig. Ihren besonderen Schwerpunkt legt sie auf Food- und People-Fotografie. Bei den Foodfotos der „Ernährungs-Docs" hat sie der Foodstylist Pedro Torres unterstützt.

Martina Kittler, Ökotrophologin und Sportwissenschaftlerin, arbeitet seit vielen Jahren als freie Food- und Kochbuchautorin. Dabei liegen ihr die Themen Gesundheit, Kochen und Ernährung besonders am Herzen und sie versteht es, diese mit Genussfreude in schmackhafte Rezepte umzusetzen. Sie ist für namhafte Verlage und Redaktionen tätig und hat viele Bücher und Ratgeber veröffentlicht.

Bild- und Quellennachweis

Nonfictionplanet: 21, 25; Shutterstock: 11, 13, 17, 22, 28, 29, 30, 32, 39, 48, 49, 50, 51, 52; Andreas Sibler: 182

Die Vorlage für die Tabelle auf Seite 45 ist entnommen aus: Prof. Dr. Gustav Dobos, Das gestresste Herz, München 2020.

Hilfreiche Adressen

Professionelle Unterstützung durch Ernährungsmediziner und -berater:
Bundesverband Deutscher Ernährungsmediziner e. V. (BDEM)
www.bdem.de
BerufsVerband Oecotrophologie e. V. (VDOE)
www.vdoe.de
Verband der Diätassistenten –
Deutscher Bundesverband e. V. (VDD)
www.vdd.de/diaetassistenten

Organisationen, die weiterführende Infos und Austausch bieten:
Bundesverband Niedergelassener Kardiologen e. V. (BNK)
www.bnk.de
Deutsche Herzstiftung e. V.
www.herzstiftung.de
Deutsche Hochdruckliga e. V. DHL®
Deutsche Gesellschaft für Hypertonie und Prävention
www.hochdruckliga.de

Hinweis

Die Ratschläge in diesem Buch wurden mit größter Sorgfalt von Autoren und Verlag erarbeitet und geprüft. Eine Garantie kann jedoch nicht übernommen werden. Ebenso ist eine Haftung der Autoren bzw. des Verlags und seiner Beauftragten für Personen-, Sach- oder Vermögensschäden ausgeschlossen. Erkrankungen mit ernstem Hintergrund gehören in ärztliche Behandlung! Bei bereits bestehenden Beschwerden kann das Buch daher keinen fachärztlichen Rat ersetzen.

ZU DEN AUTOR*INNEN

2015 war die Geburtsstunde einer bisher einzigartigen Fernsehreihe des NDR: Seither helfen die „Ernährungs-Docs“ Menschen, die an ihren Gesundheitsproblemen fast verzweifeln. Für **Anne Fleck, Jörn Klasen, Matthias Riedl** und **Silja Schäfer,** allesamt erfahrene Ärzte, gilt: Essen als Medizin! Sie setzen gezielt auf moderne Ernährungsstrategien, um Symptome deutlich zu verbessern oder Krankheiten sogar zu heilen. Und beweisen an Bord ihrer Hausboot-Praxis, dass durch eine Umstellung der Gewohnheiten oft schon innerhalb weniger Monate erstaunliche Erfolge erzielt werden können.

Weitere Bücher der Autoren bei ZS:

→ Die Ernährungs-Docs
→ Diabetes heilen
→ Starke Gelenke
→ Gute Verdauung
→ Gesunde Haut
→ Supergesund mit Superfoods
→ Zuckerfrei gesünder Leben
→ So stärken Sie Ihr Immunsystem
→ Gesund und schlank durch Intervallfasten
→ Unser Anti-Bauchfett-Programm

IMPRESSUM

Hinter jedem tollen Buch steckt ein starkes Team

Projektleitung: *Kathrin Ullerich*
Texte: *Franziska Pfeiffer*
Rezepte: *Martina Kittler*
Lektorat: *Kathrin Gritschneder*
Redaktionelle Mitarbeit: *Katharina Henze*
Covergestaltung: *ZERO Werbeagentur, München*
Grafische Gestaltung und Satz: *Julia Arzberger, Christopher Hammond*
Fotografie: *Claudia Timmann (andere siehe Bildnachweis)*
Foodstyling: *Pedro Torres*
Herstellung: *Frank Jansen*
Producing: *Jan Russok*
Druck & Bindung: *optimal media GmbH, Röbel*

In Zusammenarbeit mit und lizenziert durch
nonfictionplanet GmbH, Hamburg

3. Auflage 2025
© 2021 Edel Verlagsgruppe GmbH,
Neumühlen 17, 22763 Hamburg
ISBN: 978-3-96584-069-0
Redaktionsanschrift:
ZS, Edel Verlagsgruppe GmbH,
Kaiserstraße 14b, 80801 München
www.zsverlag.de/kontakt
www.edelverlagsgruppe.de/kontakt

LIEBE LESER*INNEN

wie schön, dass Sie ein Buch von ZS in den Händen halten. „jetzt leben!“ ist das Motto unseres Verlages. Es steht für Genuss und Inspiration, Unterstützung und Motivation. Ob Kulinarik oder Fitness, Gesundheit oder Lebenshilfe – seit über 30 Jahren bieten wir kompetente Ratgeber für (fast) alle Lebenslagen. Wir lieben Tradition genauso wie Innovation – sie treiben uns an. Unsere Autor*innen sind Menschen, die zu ihrem Thema wirklich etwas zu sagen und zu schreiben haben. Unsere Produkte sind erzählerisch, appetitmachend und als gedruckte Bücher haptisch echte Erlebnisse. Für Sie mit ganz viel Liebe gemacht! Entdecken Sie mehr aus unserer wunderbaren Welt!

UNSER VERLAGSHAUS

Mit Standorten in Hamburg und München zählt die Edel Verlagsgruppe zu den größten unabhängigen Buchanbietern Deutschlands. Zur Gruppe gehören die Verlage Dr. Oetker Verlag, Edel Sports, KARIBU und ZS.

ZS – Ein Verlag der Edel Verlagsgruppe
www.zsverlag.de
www.facebook.com/zsverlag
www.instagram.com/zsverlag

NEWSLETTER

Ab sofort keine kulinarischen Trends mehr verpassen und gleichzeitig einen Kochkurs mit einem Spitzenkoch von ZS gewinnen?

Melden Sie sich jetzt beim ZS Newsletter an und bleiben über neue Bücher, Themenschwerpunkte und News immer informiert.

ANMELDEN!

Jetzt anmelden unter:
www.zsverlag.de/newsletter

GEWINNEN

Unter allen Neuabonnierenden verlosen wir jeden Monat *10 neue Bücher* und jährlich einen *Kochkurs* mit einem Spitzenkoch von ZS.

Die beste Medizin kommt aus der Küche

Die Ernährungs-Docs
Unsere 100 besten anti-entzündlichen Rezepte

ISBN 978-3-96584-419-3

Gesunder Genuss für jeden Tag

Die Ernährungs Docs

Mein Ernährungs- und Bewegungstagebuch

Starkes Herz

Die Ernährungs Docs

So nutzen Sie unser Ernährungstagebuch

Ein Ernährungstagebuch eignet sich sehr gut dafür, den eigenen Essgewohnheiten auf die Spur zu kommen, typische Fehler zu erkennen und die Ernährung gezielt zu verbessern. Nutzen Sie dieses Büchlein als Coach und Begleiter auf Ihrem Weg in ein herzgesünderes Leben.

- Nehmen Sie Ihr Protokoll überallhin mit. Notieren Sie alles gewissenhaft - auch Snacks wie Nusskerne, Bonbons und Obst und genauso alle Getränke (zum Beispiel Softdrinks, Fruchtsäfte, Bier etc.).
- Protokollieren Sie mindestens 7 aufeinanderfolgende Tage. Für einen längeren Zeitraum kopieren Sie sich die Protokolle vorab.
- Lebensmittel sollten Sie am besten in „Haushaltsmaßen" angeben (zum Beispiel 1 Tasse, 1 TL, 1 EL ...).
- Protokollieren Sie direkt, nicht erst am Abend. Häufig vergisst man gegessene Lebensmittel und Getränke.
- Ob Sport, Spazierengehen, Radfahren oder kleine Bewegungseinheiten zwischendurch: Schreiben Sie auch auf, was Sie zusätzlich zu Ihren sonstigen Aktivitäten in Sachen Bewegung gemacht haben.
- Unter Beschwerden und Besonderheiten halten Sie alles fest, was Ihnen passiert ist. Das dürfen (und sollten!) natürlich auch Erfolgserlebnisse sein.

Die Ernährungs-Docs

Wer sich Unterstützung bei der Ernährungsumstellung holen möchte, ist bei einer der zahlreichen Schwerpunktpraxen für Ernährungsmedizin gut aufgehoben. Hier steht ein ernährungstherapeutisches Team aus Ernährungsmediziner und Ernährungsfachkraft bereit. Sie helfen bei der Analyse des Ernährungsprotokolls und der Umstellung des täglichen Essens (unter www.bdem.de).

Die sieben wichtigsten Essregeln im Überblick

Eine Ernährungsumstellung ist ein großer Schritt für Ihre Gesundheit. Natürlich ist es nicht einfach, seine Gewohnheiten von einem Tag auf den anderen umzustellen. Sie sollten sich eine herzgesunde Ernährungsform in kleinen Schritten angewöhnen. Unverzichtbar ist es dabei, dass Sie selbst mit frischen Zutaten kochen und nicht auf Fertigprodukte mit ungesunden Zusatzstoffen und wenigen Vitaminen und Mineralstoffen setzen. Zu einem herzgesunden Lebensstil gehören auch viel Bewegung, regelmäßige Entspannung – und Genuss. Nehmen Sie sich nicht zu viel auf einmal vor. Sie können zum Beispiel damit anfangen, einmal am Tag ein Gericht selbst zuzubereiten. Alkohol sollten Sie meiden. Beherzigen Sie diese Regeln:

1. Achten Sie auf die Tellereinteilung: Die Hälfte sollte aus Gemüse bestehen. Dazu kommen etwa 30 Prozent Eiweißlieferanten. Den restlichen Teil füllen ballaststoffreiche Beilagen.

2. Essen Sie jeweils zu den Mahlzeiten über den Tag verteilt 3 Handvoll Gemüse und 2 Handvoll zuckerarmes Obst (dabei das Obst am besten in der ersten Tageshälfte). Damit nehmen Sie reichlich Antioxidantien und sekundäre Pflanzenstoffe auf.

3. Wertvolle Proteine liefern mageres Bio-Fleisch, Fisch und Eier sowie fettarme Milchprodukte, Nüsse und Hülsenfrüchte.

4. Essen Sie nur wenig Fleisch und tierische Fette. Sorgen Sie stattdessen für reichlich entzündungshemmende Omega-3-Fettsäuren in den Mahlzeiten.

5. Bevorzugen Sie bei Nudeln, Reis und Brot die Vollkornvarianten.

6. Verwenden Sie Kräuter statt Salz, am besten antientzündliche Gewürze und Kräuter wie Ingwer, Kurkuma oder Salbei.

7. Trinken Sie mindestens zwei Liter am Tag bzw. passen Sie die Trinkmenge nach Rücksprache mit dem Arzt Ihrer Erkrankung an.

DATUM

UHRZEIT	ESSEN	TRINKEN	BEWEGUNG

BESCHWERDEN, BESONDERHEITEN

DATUM

UHRZEIT	ESSEN	TRINKEN	BEWEGUNG

BESCHWERDEN, BESONDERHEITEN

DATUM

UHRZEIT	ESSEN	TRINKEN	BEWEGUNG

BESCHWERDEN, BESONDERHEITEN

DATUM

UHRZEIT	ESSEN	TRINKEN	BEWEGUNG

BESCHWERDEN, BESONDERHEITEN

MEIN ERNÄHRUNGS- & BEWEGUNGSTAGEBUCH

DATUM

UHRZEIT	ESSEN	TRINKEN	BEWEGUNG

BESCHWERDEN, BESONDERHEITEN

DATUM

UHRZEIT	ESSEN	TRINKEN	BEWEGUNG

BESCHWERDEN, BESONDERHEITEN

DATUM

UHRZEIT	ESSEN	TRINKEN	BEWEGUNG

BESCHWERDEN, BESONDERHEITEN

DATUM

UHRZEIT	ESSEN	TRINKEN	BEWEGUNG

BESCHWERDEN, BESONDERHEITEN

DATUM

UHRZEIT	ESSEN	TRINKEN	BEWEGUNG

BESCHWERDEN, BESONDERHEITEN

DATUM

UHRZEIT	ESSEN	TRINKEN	BEWEGUNG

BESCHWERDEN, BESONDERHEITEN

DATUM

UHRZEIT	ESSEN	TRINKEN	BEWEGUNG

BESCHWERDEN, BESONDERHEITEN

DATUM

UHRZEIT	ESSEN	TRINKEN	BEWEGUNG

BESCHWERDEN, BESONDERHEITEN

DATUM

UHRZEIT	ESSEN	TRINKEN	BEWEGUNG

BESCHWERDEN, BESONDERHEITEN

DATUM

UHRZEIT	ESSEN	TRINKEN	BEWEGUNG

BESCHWERDEN, BESONDERHEITEN

DATUM

UHRZEIT	ESSEN	TRINKEN	BEWEGUNG

BESCHWERDEN, BESONDERHEITEN

DATUM

UHRZEIT	ESSEN	TRINKEN	BEWEGUNG

BESCHWERDEN, BESONDERHEITEN

DATUM

UHRZEIT	ESSEN	TRINKEN	BEWEGUNG

BESCHWERDEN, BESONDERHEITEN

DATUM

UHRZEIT	ESSEN	TRINKEN	BEWEGUNG

BESCHWERDEN, BESONDERHEITEN

DATUM

UHRZEIT	ESSEN	TRINKEN	BEWEGUNG

BESCHWERDEN, BESONDERHEITEN

DATUM

UHRZEIT	ESSEN	TRINKEN	BEWEGUNG

BESCHWERDEN, BESONDERHEITEN

DATUM

UHRZEIT	ESSEN	TRINKEN	BEWEGUNG
BESCHWERDEN, BESONDERHEITEN			

DATUM

UHRZEIT	ESSEN	TRINKEN	BEWEGUNG
BESCHWERDEN, BESONDERHEITEN			

DATUM

UHRZEIT	ESSEN	TRINKEN	BEWEGUNG

BESCHWERDEN, BESONDERHEITEN

DATUM

UHRZEIT	ESSEN	TRINKEN	BEWEGUNG

BESCHWERDEN, BESONDERHEITEN